En un mundo cada vez más oscuro y quebrantado, la Iglesia debe utilizar todas las herramientas que se nos han dado a través de la obra finalizada de Cristo a medida que avanzamos el Reino de Dios, incluyendo el ministerio de liberación. *La guía bíblica para la liberación* es un "empujón" muy necesario para la Iglesia del siglo XXI en cuanto a esto. Inspirado por el Espíritu Santo y lleno de directrices prácticas, sólida enseñanza bíblica y poderosos testimonios, este es un valioso recurso para la Iglesia de hoy. Conozco a Randy Clark desde hace muchos años. Él es un verdadero regalo para nuestra generación. Recomiendo este libro para todo el que desea ver liberados a los perdidos, heridos y sufridos.

—Happy Leman
Pastor principal,
iglesia Vineyard del Centro de Illinois
Miembro de la junta nacional de Vineyard

La
GUÍA
BÍBLICA
para la
LIBERACIÓN

*

RANDY CLARK, Dr. en Min.

La mayoría de los productos de Casa Creación están disponibles a un precio con descuento en cantidades de mayoreo para promociones de ventas, ofertas especiales, levantar fondos y atender necesidades educativas. Para más información, escriba a Casa Creación, 600 Rinehart Road, Lake Mary, Florida, 32746; o llame al teléfono (407) 333-7117 en Estados Unidos.

La guía bíblica para la liberación por Randy Clark;
editado por Susan Thompson
Publicado por Casa Creación
Una compañía de Charisma Media
600 Rinehart Road
Lake Mary, Florida 32746
www.casacreacion.com

No se autoriza la reproducción de este libro ni de partes del mismo en forma alguna, ni tampoco que sea archivado en un sistema o transmitido de manera alguna ni por ningún medio—electrónico, mecánico, fotocopia, grabación u otro—sin permiso previo escrito de la casa editora, con excepción de lo previsto por las leyes de derechos de autor en los Estados Unidos de América.

A menos que se indique lo contrario, el texto bíblico ha sido tomado de la Santa Biblia, Nueva Versión Internacional® NVI® copyright © 1999 por Bíblica, Inc.® Usada con permiso. Todos los derechos reservados mundialmente.

Las citas de la Escritura marcadas (RVR1960) corresponden a la versión Reina-Valera © 1960 Sociedades Bíblicas en América Latina; © renovado 1988 Sociedades Bíblicas Unidas. Utilizado con permiso.

Traducido por: www.pica6.com (con la colaboración de Salvador Eguiarte D.G.)
Diseño de la portada: Studio Gearbox
Director de diseño: Justin Evans

Copyright © 2015 by Randy Clark
Originally published in English under the title:
The Biblical Guidebook to Deliverance
by Charisma Media/ Charisma House Book Group
600 Rinehart Road
Lake Mary, Florida 32746
All rights reserved.

Copyright © 2015 por Casa Creación
Todos los derechos reservados

Visite la página web del autor: www.globalawakening.com

Library of Congress Control Number: 2015935834
ISBN: 978-1-62998-332-5
E-book ISBN: 978-1-62998-354-7

Nota de la editorial: Aunque el autor hizo todo lo posible por proveer teléfonos y páginas de internet correctas al momento de la publicación de este libro, ni la editorial ni el autor se responsabilizan por errores o cambios que puedan surgir luego de haberse publicado.

Impreso en los Estados Unidos de América

15 16 17 18 19 * 5 4 3 2 1

CONTENIDO

Prólogo por *Jon Mark Ruthven* ix
Introducción xii
  1 Cómo conocí la liberación 1
  2 Liberación: Una realidad del
     Nuevo Testamento 18
  3 La teología de la liberación 25
  4 La liberación en la historia de la Iglesia 33
  5 ¿Puede un cristiano estar endemoniado? 48
  6 Señales de que alguien está endemoniado 58
  7 La liberación como parte del proceso
     de santificación 78
  8 Maldiciones, votos internos, lazos del alma
     y maldiciones generacionales 81
  9 Satanás y los demonios 92
10 El ocultismo y que alguien esté endemoniado ... 101
11 Masonería 113
12 Cómo ministrar liberación 141
13 Guía para ministrar liberación 148
14 Avance 166
Epílogo 174
Notas 184

PRÓLOGO

Me complace presentar esta excelente obra de un maestro y evangelista tan amado, respetado y ungido por el Espíritu Santo.

Este manual de entrenamiento para la liberación de los demonios es absolutamente esencial para las doctrinas y la misión de la Iglesia. La Biblia es explícita con respecto a que "el Hijo de Dios *fue enviado precisamente para* destruir las obras del diablo" (1 Juan 3:8). El propósito de la muerte de Jesús, su resurrección en poder y su ascensión al trono del universo fue para hacer guerra contra Satanás y sus ángeles (demonios), y para declarar: "Han llegado ya la salvación y el poder y el reino de nuestro Dios; ha llegado ya la autoridad de su Cristo". ¿Por qué? "Porque ha sido expulsado el acusador de nuestros hermanos" (vea Apocalipsis 12:10).

Mientras que el cielo y sus moradores se regocijan por esto, los habitantes de la tierra están experimentando temor porque "el diablo, lleno de furor, ha descendido a ustedes, porque sabe que le queda poco tiempo" (Apocalipsis 12:12). El diablo y sus mensajeros (demonios) están desesperados por hacer todo el daño que puedan en el poco tiempo que les queda.

¿Y eso qué tiene que ver con los cristianos "el pueblo escogido" de Dios? Debemos "captar" la razón por la que la descripción anterior fue escrita. Nos guste o no, estamos involucrados, seriamente involucrados.

Si somos verdaderos discípulos de Jesús, haremos aquello para lo que los discípulos fueron *explícitamente escogidos*: "Designó a doce [o sea: nosotros, el pueblo escogido], a quienes nombró apóstoles, para que *lo acompañaran y para enviarlos a predicar [hablar por el Espíritu] y ejercer autoridad [la de Cristo] para expulsar demonios*" (Marcos 3:14-15, énfasis añadido). Esta "autoridad" y misión no está limitada a los "apóstoles" sino a "los que crean" (Marcos 16:17).

Este mandamiento central de expulsar demonios para nosotros "los creyentes" es sumamente distinto de nuestra rutina usual como cristianos de ir a la iglesia, adorar, consumir información y servicios religiosos y luego regresar a nuestro "verdadero trabajo" que es ganarnos la vida. ¡No!

Nuestra misión básica recibida de Jesús es *reproducir su misión*: "Destruir las obras del diablo" como Él lo hizo; con "autoridad" para echar fuera demonios.

El libro que usted está a punto de leer, entonces, no expresa algún tipo de actividad periférica de los rituales cristianos. Todo lo opuesto: según Jesús mismo, *liberar a otro de estar endemoniado es la misión central del creyente*. ¡Recibimos la autoridad para hacer esto: (1) en la presencia íntima de Jesús, (2) respondemos a la presencia de Jesús con palabras inspiradas por el Espíritu Santo: alabanza y profecía—un ambiente completamente tóxico para los demonios—y (3) *actuamos en la autoridad todopoderosa*, para la que Jesús vivió, murió, fue resucitado y que *ahora nos ha otorgado a todos nosotros*—y en contra de lo demoníaco—desde el trono del cielo!

Este excelente libro lo guiará en cómo recibir y aplicar la autoridad de Jesús para liberar a "todos los oprimidos por el diablo" (la misión de Jesús descrita en Hechos 10:38, RVR1960).

¡Solo hágalo! ¡Es su trabajo principal! ¡Así que estudie este libro!

—Jon Mark Ruthven
Profesor emérito de Teología
Universidad Regent
Doctor en Tutoría Ministerial
United Theological Seminary

INTRODUCCIÓN

Me encontraba en Bergen, Noruega, llevando a cabo una reunión de renovación con uno de los líderes principales del movimiento de renovación. Como es típico en mis reuniones, después de que se presentó el mensaje nos movimos a un tiempo de ministrar oración por sanidad. En el equipo de oración de ese día había conmigo tres seminaristas metodistas que estaban en su último año de seminario. Estos hombres habían sido entrenados en una teología que niega la existencia de los demonios, y se les había enseñado que los problemas de "liberación" tenían más bien una raíz psicológica.

En cierto punto comenzamos a orar por un hombre que había estado discapacitado durante veintitrés años a causa de un dolor severo recurrente en el pecho. Nos dijo que en ese momento no tenía dolor, pero quería que oráramos por él. Comencé a orar, y nada sucedió, hasta que dije las palabras: "En el nombre de Jesús". Tan pronto esas palabras salieron de mi boca se puso la mano en el pecho y se dobló de dolor. Voltee a ver a los seminaristas y les dije: "¡Miren esto!".

Introducción

"Rompo tu poder y cancelo tu misión en contra de este hombre. Te ordeno que dejes a este hombre en el nombre de Jesús".

El hombre fue sanado instantáneamente. Ese hombre no solamente fue liberado de un espíritu que lo afligía, sino también los tres seminaristas a mi lado fueron liberados en ese momento de la incorrecta teología del liberalismo. Cuando ellos personalmente fueron testigos del poder de Dios liberando a este hombre de un espíritu de aflicción fueron cambiados para siempre. Se convirtieron en líderes del movimiento de renovación de Noruega. El hombre que fue liberado del espíritu de aflicción salió de la discapacidad y, cinco años después, cuando volví a ver a su pastor y le pregunté cómo estaba el hombre, su pastor, Reidar Paulson, me dijo que el hombre no había vuelto a tener ningún dolor desde la oración de liberación del espíritu de aflicción.

F. F. Bosworth, el evangelista—que también oraba por los enfermos—del siglo veinte, autor y pionero del movimiento pentecostal moderno, dijo: "Una iglesia llena del Espíritu Santo y que ora, genera una atmósfera en la que es fácil para Dios obrar. Esto hace que sea más difícil para el diablo interferir. Esta atmósfera es el Espíritu Santo mismo. Es mucho más que un rival para el diablo".[1]

Lamentablemente no toda la Iglesia de hoy es llena del Espíritu Santo. A partir del siglo sexto los *charismata*, o dones del Espíritu Santo, perdieron su lugar como parte vital de la vida de la Iglesia y todavía falta que sean completamente restaurados. En medio de esta pérdida, surgió una confusión (y permanece) con respecto a todos los aspectos de los *charismata*. Los ministerios conjuntos de sanidad y liberación han sido emboscados en la confusión a través de los siglos, dando como resultado una negativa por parte de muchos para participar en este don de restauración que nos fue dado por Jesús mismo.

Yo personalmente experimenté esta confusión. Hubo un tiempo cuando, como pastor, no quería tratar con asuntos de liberación porque no tenía un punto de referencia real desde donde comprender el ministerio de liberación. Las manifestaciones demoníacas me parecían perturbadoras, y nadie a mi alrededor tenía una mejor idea que yo de cómo tratar con la liberación. Cuando la necesidad de liberación hizo aparecer su cabeza por primera vez en mi iglesia, fue difícil porque yo no estaba preparado. He aprendido mucho a lo largo de los años desde mi primera exposición a lo demoníaco. Pero para otros, la confusión todavía existe.

Quizá usted se encuentre entre los muchos en el ministerio que están donde yo estuve alguna vez con respecto a la liberación. Usted tiene la "necesidad de saber", sin embargo, no sabe adónde acudir. Cuando es enfrentado por lo demoníaco, usted tiene que alejarse y esperar que el mal se vaya del lugar y que no vuelva.

Creo que la Iglesia se encuentra en un tiempo en el que

Introducción

el tema de la liberación ya no es una opción. No creo que la liberación haya sido opcional alguna vez para la Iglesia, pero ciertamente no lo es ahora. Nuestras congregaciones son atacadas a diario por una cultura cada vez más carente de Dios, con el creyente—al igual que el no creyente—nadando en un mar de la Nueva Era y actividades de ocultismo como Occidente no había visto en siglos.

Es mi gran deseo ver a toda la Iglesia despertar de nuevo al conocimiento de que la liberación es una realidad del Nuevo Testamento que surge del corazón compasivo de Dios como se revela en Jesús. Bosworth lo dijo de esta manera:

> Sorprende lo insidiosamente que Satanás se ha esforzado por ocultarle a la gente este glorioso hecho. Ha publicado la declaración nada bíblica, ilógica y desgastada de que la época de los milagros ya pasó, hasta que casi ha tenido éxito en eclipsar la compasión de Dios a los ojos del mundo.[2]

Hubo una época en que la Iglesia entendía los *charismata*, y algunos segmentos de la Iglesia todavía los comprenden. Los que hacen a un lado estos vehículos de la auto-revelación de Dios, diciendo que han cesado, están haciendo a un lado mucho de lo que es más precioso y dinámico de una relación con Dios.[3]

Creo que el ministerio de liberación debería ser

restaurado a toda la Iglesia. Dios en su gran amor desea que todos sus amados hijos e hijas vivan en libertad, sin ataduras de las maquinaciones del enemigo. Jesús pagó por su libertad en la cruz. Su ministerio terrenal era una demostración constante de la autoridad de Dios sobre el diablo y sus secuaces. ¿No le estamos de alguna manera robando su gloria de Dios cuando sostenemos una visión cesasionista de la actividad continua de Dios en este mundo?[4]

A través de una enseñanza y una teología equivocadas, la Iglesia, especialmente las iglesias protestantes evangélicas, han llegado a menospreciar el mal. Como creyentes en el evangelio, ¿cómo podemos de manera realista relegar el mal al plano de la superstición? ¿Por qué deberíamos pensar que Satanás y sus demonios simplemente hicieron mutis del escenario de la humanidad en cierto punto para nunca regresar a molestarnos de nuevo?

No necesitamos ver un demonio detrás de cada seto, pero sí necesitamos ejercitar la sabiduría para reconocer la existencia y la actividad del mal. Debemos buscar establecer un curso que equilibre el escepticismo saludable con una disposición a creer; pero también resistir el impulso de permanecer en el plano intelectual a expensas del espiritual. El mal no es simplemente un producto secundario poco afortunado de la depravación humana. Es obra de Satanás, y no deberíamos tener miedo de llamarle como tal.

Hubo un tiempo en la Iglesia en el que la liberación era una parte completamente funcional del rito del

Introducción

bautismo.⁵ Esto se encuentra descrito en los escritos eruditos de Dom Gregory Dix, un monje y sacerdote inglés de la comunidad benedictina anglicana que vivió a principios del siglo veinte. Sus investigaciones en la obra de redescubrir la liturgia bautismal de los inicios de la Iglesia señala que "desde el tiempo del libro de los Hechos hasta el periodo de los primeros padres de la Iglesia, la impartición del Espíritu Santo, a través de la imposición de manos, era uniformemente practicada como parte del significado completo del bautismo cristiano. Mostró que la imposición de manos ocurría inmediatamente después del bautismo en agua".⁶ Dix continúa hasta señalar que para el siglo quinto, el bautismo en agua y el bautismo en el Espíritu Santo se habían vuelto dos rituales separados.

En los siglos tercero y cuarto la Iglesia instituyó oraciones de exorcismo como parte integral de la preparación para el bautismo. Se puede encontrar evidencia de esto en las Constituciones Apostólicas, fechadas en 375 a 380 d. C.⁷ Un número significativo de convertidos en los inicios de la Iglesia provenían de un paganismo rampante, y que necesitaban alguna forma de liberación al tiempo en que renunciaban a sus prácticas y dioses paganos y abrazaban el evangelio de Jesucristo. Los ritos de exorcismo eran realizados tanto antes como después del bautismo, dependiendo del momento histórico de la Iglesia y la rama particular de la Iglesia.

No era poco común ver que se ofrecieran oraciones de

liberación al tiempo en que los nuevos creyentes salían de las aguas del bautismo. Tanto adultos como niños eran exorcizados, después de lo cual los adultos declaraban renunciar a Satanás y luego profesaban su fe.

El judaísmo abrazó una multitud de prácticas de limpieza ritual que datan desde su historia escrita más temprana que fueron diseñados para evitar que lo profano hiciera contacto con lo sagrado. Algunos eruditos judíos conectan las leyes de la impureza con el relato del Génesis en el que la humanidad entró en contacto con la muerte en el momento de la Caída en el jardín. Como resultado de este pecado original los judíos practican diferente rituales de limpieza. En estas prácticas del antiguo pacto vemos un presagio del nuevo pacto en Jesucristo.

Martín Lutero incluyó el exorcismo en los ritos bautismales de la iglesia luterana en sus inicios. Su *Little Book of Baptism* [Pequeño libro acerca del bautismo] incluía lo siguiente: "('El que oficie deberá soplar tres veces debajo de los ojos del niño y deberá decir: Vete espíritu inmundo...') al principio del rito y otros exorcismos".[8] En 1856 el exorcismo fue relegado a una nota al calce en el rito bautismal luterano y abandonado por completo en 1916.[9] La iglesia luterana del siglo veintiuno ha reinstalado la renuncia al diablo y a todas sus obras como parte de su rito bautismal; no obstante, el historiador Ryan C. MacPherson reconoce las luchas con el concepto de Satanás: "Satanás es una figura y un concepto problemático para la mayoría

Introducción

de los modernos, y los ritos de las iglesias católica romana, episcopal y luterana están todos claramente luchando por hacer que la figura sea significativa en el mundo moderno".[10]

El *Libro de oración común* de la iglesia anglicana, que fue publicado por primera vez en 1549 y actualizado más recientemente en 1979, le ha provisto al protestantismo litúrgico de una estructura para la adoración y la vida diaria cristiana.[11] El "Santo Bautismo" como se define en el *Libro de oración común* incluye el rito del exorcismo.[12] Brian Cummings, en su exhaustivo estudio de la iglesia litúrgica afirma esto acerca del bautismo: "El *Libro de oración común* de 1549 puso un énfasis central en las promesas verbales de fe, pero también involucraba acciones físicas como persignar sobre la frente y el exorcismo".[13]

Aunque algunas de las iglesias litúrgicas actuales retienen el exorcismo como parte de la celebración del rito del bautismo, para la mayoría estos ritos son, tristemente, una repetición mecánica más que una realidad. La iglesia católica, más que cualquier otra denominación, ha históricamente abrazado el paradigma holístico de sanidad que incluye el rito de exorcismo y continúa practicando el exorcismo en el siglo veintiuno.

El paradigma de liberación como parte del ministerio de sanidad necesita ser restaurado a toda la Iglesia, a lo largo de las líneas denominacionales, si vamos a tratar con eficacia con la plétora de problemas con los que somos confrontados en este siglo. Como la novia de Cristo debemos enlazar nuestros brazos y hacer una defensa resuelta en contra de Satanás y sus secuaces.

Lo poco que nuestra cultura parece saber acerca de la liberación proviene en buena parte de la industria del entretenimiento. Desde *El exorcista* (1973) a *El rito* (2011) Hollywood ha dramatizado el papel del exorcismo. El mal es una mercancía lucrativa y comercializable; y además fascinante. La imagen de la liberación como algún encuentro extraño entre el diablo y un humano desprevenido ha tenido una gran influencia hacia reforzar el contexto cultural en el que encontramos este ministerio hoy en la Iglesia.

El erudito en liberación, el Dr. Arlin Epperson[14] estima que 95% de las iglesias en Estados Unidos no entienden la necesidad del ministerio de liberación. Del 5% que lo comprenden, solamente alrededor de 1% están dispuestas a participar en él. Ha visto casos en los que 50% de la congregación se va cuando los pastores comienzan a ministrar en los dones espirituales, liberación y sanidad interior.

Aunque el ministerio de liberación es impredecible por su misma naturaleza, no todas las liberaciones incluyen confrontaciones como las retratadas en *El exorcista* o *El rito*. Con frecuencia la liberación es semejante al ministerio de sanidad interior, durante el que la gente es liberada sin que lo demoníaco se manifieste. Con el entrenamiento adecuado, la liberación puede llevarse a cabo de manera tranquila y respetuosa para auxiliar a los que luchan con

Introducción

seres demoníacos, poderes y autoridades más allá de su control. Cuando suceden manifestaciones inusuales y perturbadoras, se necesitan la paciencia, la persistencia y el conocimiento de las dinámicas de la liberación.

El modelo que usamos en liberación es amoroso, nada humillante y pastoral. Está basado en el que desarrolló y utilizó eficazmente Pablo Bottari para ministrar a miles.[15] Así como Jesús vino a liberar a los cautivos, nosotros también estamos llamados a ministrar en el poder del Espíritu a los que están endemoniados. Es verdaderamente una cosa maravillosa ver a alguien ser liberado de lo demoníaco. Qué gozo cuando las cadenas son rotas y las personas pueden comenzar a vivir en la plenitud de vida que Dios quiere para ellos.

Pasé por un periodo de cinco años mientras estaba en la universidad y luego en el seminario en el que cesé de creer en los demonios a causa de la enseñanza liberal bajo la que estaba sentado. Mi joven mente maleable abrazó los puntos de vista y la teología que decían que cualquier manifestación del mal en una persona estaba arraigada en una enfermedad mental. Del mismo modo en que mucha de la iglesia occidental abraza la cosmovisión racionalista que deja de lado lo sobrenatural, pensaba que Jesús había sido condescendiente con la cosmovisión del primer siglo con respecto a la enfermedad mental. Con el tiempo vi el error de este tipo de enseñanza, pero muchos creyentes no.

La Iglesia no se está moviendo en todo su poder a causa de nuestra actitud indiferente hacia el mal.

Nuestros puntos de vista con respecto al mal y la liberación pueden cambiar rápidamente cuando nos encontramos cara a cara con lo demoníaco. Esto les pasó a dos profesores de un seminario bautista. Una joven mujer de baja estatura que pesaba menos de ciento diez libras (50 kg) entró a su oficina un día para consejería. Durante la sesión comenzó a tener una manifestación demoníaca. Aunque era muy pequeña, a causa de la fuerza demoníaca sobrenatural que se estaba manifestando a través de ella, casi tuvo éxito en deshacer la oficina antes de que pudieran ponerla bajo control. Tenía un espíritu incorpóreo malévolo, con una voluntad e intelecto propios trabajando dentro de ella. Esta experiencia fue algo que cambió todo para estos dos profesores. Incapaces de explicar la conducta de esta mujer con psicología secular, decidieron que era tiempo de aprender acerca de la liberación. Ambos de estos hombres tenían el grado de doctor. El padre de uno de ellos era psiquiatra y el otro era responsable del departamento de cuidado pastoral del Seminario Bautista de Buenos Aires, Argentina.

Muchos líderes en la Iglesia actual deben caminar sobre una línea fina con respecto a la liberación. Por causa de la legitimidad, tienden a recurrir a la psicología secular recubierta con una capa de "cristianés" al tratar con lo demoníaco. Todo eso está muy bien hasta que realmente se encuentra uno con un demonio. La primera vez que un demonio me habló, ese tipo de teología mezclada salió por la ventana.

Hay varios libros sobre el tema de la liberación que le podría recomendar. *Deliverance From Evil Spirits* [Liberación de espíritus malignos] de Francis MacNutt[16] y *Libertad* de Neal Lozano[17] son recursos excelentes, así como también *Deliverance From Darkness: The Essential Guide to Defeating Demonic Strongholds and Oppression* [Liberación de las tinieblas: La guía esencial para derrotar fortalezas y opresiones demoníacas] de James Goll.[18] Los que estén buscando una vista panorámica de la liberación desde la perspectiva de los campos de la medicina y la psiquiatría escrita desde una perspectiva bíblica cristiana conservadora, quizá quieran leer el libro del reverendo Malachi Martin *Hostage to the Devil: The Possession and Exorcism of Five Contemporary Americans* [La posesión y el exorcismo de cinco estadounidenses contemporáneos].[19] El libro provino de un simposio en la Universidad de Notre Dame en 1976 para una reunión de antropólogos, psicólogos, psiquiatras, aquellos en el campo médico, trabajadores sociales y eruditos bíblicos. No es para los débiles de corazón. Siendo sacerdote y profesor jesuita, el padre Martin fue exorcista durante treinta años en la iglesia católica.

Este libro que está a punto de leer se enfoca en lo que llamamos "guerra espiritual a nivel de campo", que trata con lo demoníaco según impacta a los individuos. Hay otro nivel de guerra espiritual llamada "guerra espiritual de nivel estratégico", que trata con los poderes y las autoridades sobre áreas, ciudades, regiones y países. El teólogo Walter Wink, en su trilogía de libros sobre el tema,[20] se refiere a este segundo nivel de actividad demoníaca como "maldad estructural". Un problema que tengo con la perspectiva de Walter Wink es que implica que toda la actividad demoníaca es maldad estructural. No estoy de acuerdo con él. La perspectiva de Wink con respecto a la maldad estructural deja fuera la existencia de poderes demoníacos conocidos como poderes y autoridades. Este punto de vista liberal contiene cierta verdad, pero no es la realidad total con respecto al plano maligno de lo demoníaco, poderes, autoridades y potestades.

Hay muchos ejemplos de maldad estructural a lo largo de la historia. Tome por ejemplo La Guerra Civil Camboyana (1969-1975) que dio como resultado la muerte de más de un millón de camboyanos en los campos de la muerte de Pol Pot. Esta es una imagen brutal de maldad estructural, que resultó en un genocidio atroz. Los soldados arrojaban a los bebés al aire para usarlos como blancos de práctica mientras sus madres observaban, mientras que otros tomaban niños pequeños y azotaban su cabeza contra los árboles.[21] Esta conducta aberrante es un ejemplo de maldad que influenció a todo un grupo étnico. Se manifestó a través de poderes y autoridades

Introducción

demoníacas que influenciaron la filosofía de una cultura llevando a la gente a pensar de cierto modo para que el poder de ese estado fuera hecho realidad por su pueblo.

La Alemania Nazi de Adolf Hitler es otro ejemplo horroroso de maldad estructural. Más de doce millones de personas fueron exterminadas en el Holocausto. El mayor grupo de personas de los doce millones fueron judíos, pero los muertos también incluían a otros grupos de personas consideradas "indeseables" por Hitler y su régimen.

El compromiso de Hitler con el ocultismo influenció fuertemente su ideología y la de la Alemania Nazi. Fue la ocultista Sociedad Thule la que dio a luz al Partido de los Trabajadores Alemanes y al Partido Alemán Socialista, los cuales con el tiempo se volvieron el Partido Nacionalsocialista Obrero Alemán de la Alemania Nazi. Dietrich Eckart, un comprometido ocultista y miembro de la Sociedad Thule en sus más altos niveles, ejerció una tremenda influencia sobre Hitler, llevándolo de la oscuridad a ser la cabeza de la Alemania Nazi a través de entrenarlo en logias secretas esotéricas prevalecientes en la Alemania de principios de siglo.[22] Estas sociedades ocultas tenían sus raíces en el budismo tibetano.[23]

Aunque el mal estructural no es un enfoque de este libro, creo que es importante que estemos al tanto de la distinción al tratar con liberación. Los asuntos de la liberación a nivel de campo como los que encontramos en la mayoría de las situaciones de liberación en las iglesias y en el ministerio no involucran guerra espiritual de nivel estratégico. Los que ministran liberación deberían evitar intentos por desplazar poderes regionales y autoridades a menos que sean guiados por el Espíritu Santo para involucrarse en ese nivel y que estén específicamente entrenados en ese tipo de guerra.

Al ministrar en Argentina tuve el privilegio de trabajar al lado de muchos líderes de la Iglesia que practican guerra espiritual de nivel estratégico. Los he entrevistado a ellos y a otros de todo el mundo sobre el tema. Aunque yo no siento haber sido llamado a reprender a Satanás o a sus poderes [principados, según RVR1960], sé que otros creyentes han sido autorizados por la Escritura o por el Espíritu Santo para hacerlo.

En el curso de mis investigaciones he descubierto que hay una amplia diversidad de opiniones acerca de cómo se debería practicar este tipo de guerra espiritual y por quiénes. Algunos enseñan que este tipo de oración es solamente para las personas más espirituales y santas de la Iglesia. Otros dicen que hay una unción para ello, dada por el Espíritu Santo, y que incluso los niños pueden tener la unción. Algunos dicen que si uno es llamado a entablar una guerra de este nivel, entonces primero se necesita que haya unidad espiritual entre los pastores involucrados y acciones de preparación como el arrepentimiento por identificación.

Mi fenecido amigo John Paul Jackson escribió un libro

Introducción

sobre el tema, titulado *Needless Casualties of War* [Bajas de guerra innecesarias].[24] Aunque estoy de acuerdo con mucho del libro, en ninguna parte habla de los que son llamados a involucrarse en guerra espiritual de nivel estratégico ni de cómo hacerlo sabiamente. ¿Es peligroso? Sí. ¿Está prohibido? No; pero definitivamente no es para el cristiano promedio. Debería ser el ámbito de los que son invitados a ello por el Espíritu Santo, que están viviendo en santidad y cuya fe para la batalla está siendo suplida por el Espíritu Santo.

Es mi deseo al escribir este libro que usted, como creyente, obtenga una mejor comprensión de la liberación como parte de la herencia de la Iglesia y como una parte integral del ministerio de sanidad hoy. Y que, como resultado, usted sea alentado a ayudar a restaurar el ministerio de liberación en la Iglesia.

Usted encontrará aquí una guía práctica para ministrar liberación basada en un fundamento de amor y respeto. "Porque tanto amó Dios al mundo, que dio a su Hijo unigénito" (Juan 3:16). Cuando la Palabra se hizo carne, la luz vino al mundo. Esta luz brilla en la oscuridad y no se extinguirá. Jesús, la luz del mundo, vino a sanar a los quebrantados de corazón y a liberar a los cautivos (Lucas 4:18).

Él sigue haciendo su obra hoy a través de su Novia, la Iglesia. Debemos alentarnos unos a otros a apartar todos los obstáculos para que la Iglesia pueda entrar más plenamente en la obra de cumplir con la Gran Comisión en nuestro tiempo. Si vamos a entender la plenitud de la Gran Comisión y a enfatizar lo que la Biblia enfatiza, entonces necesitamos entender que la autoridad que nos ha sido delegada por Jesús abarca la liberación así como la sanidad física.

Hubo un tiempo en el que no creía lo que escribí en el párrafo anterior. Lo que trajo el cambio en mi teología y práctica con respecto a los demonios es el tema de nuestro siguiente capítulo.

Capítulo 1
CÓMO CONOCÍ LA LIBERACIÓN

HABÍA SIDO PASTOR DURANTE CATORCE AÑOS cuando me encontré con mi primer demonio. En ese tiempo estaba pastoreando una iglesia bautista. Habíamos invitado a un equipo de La Viña para que vinieran a ministrar a nuestra iglesia, y durante su visita experimentamos un poderoso mover del Espíritu Santo. Anterior a eso, una mujer evangelista estaba ministrando en una iglesia cercana de las Asambleas de Dios. Habiendo escuchado que sucedían manifestaciones de la presencia del Espíritu Santo cuando esta mujer predicaba, quería ver por mí mismo lo que estaba sucediendo. Esperando no ser notado o visto, me senté en la última fila. Me gusta bromear con que llevaba gafas oscuras y una gabardina, pero no fue así. Estaba simplemente sentado allí en la última fila esperando que nadie me notara porque no era algo bueno que un pastor bautista estuviera interesado en las manifestaciones del Espíritu.

En cierto punto, durante su enseñanza un hombre de gran estatura se levantó rugiendo, haciendo ruidos y gruñendo. Cuando su comportamiento se salió de control, cuatro hombres lo derribaron, uno en cada extremidad. Le estaban gritando y él estaba dando voces, golpeando y sudando. Se levantó y trató de correr y lo derribaron nuevamente. No podían dejar que se escapara; estaban luchando con él. Era una clásica escena de liberación, al estilo estadounidense, y me hizo pensar que yo no quería tener nada que ver con liberación. Entonces este hombre comenzó a vomitar. No me agrada el asunto del vómito, así que eso verdaderamente puso el último clavo en el féretro para mí.

Creo que mucho del comportamiento que vemos durante la liberación no es nada más que manifestaciones de expectativas culturales. En nuestro conocimiento limitado como cultura esperamos caos y cosas tales como el vómito cuando alguien está experimentando liberación. Otras culturas tienen expectativas diferentes. Los coreanos no vomitan. Ellos eructan; porque eso es lo que ellos creen que debe suceder cuando los demonios salen de una persona. Bottari enseña que vomitar y cosas semejantes no son necesarias para liberar a la gente de demonios. Su modelo de diez pasos para la liberación se encuentra en su libro *Libres en Cristo*.[1]

UNA VISITACIÓN DEL ESPÍRITU SANTO

Mi segundo encuentro con lo demoníaco sucedió en mi propia iglesia. Como mencioné anteriormente, experimentamos una visitación del Espíritu Santo cuando recibimos

Cómo conocí la liberación

a un equipo de La Viña en nuestra iglesia. Durante su ministerio un demonio se manifestó en una mujer. Como el equipo de La Viña era pequeño, consistiendo en solamente cinco personas, y como le estaban ministrando a cientos que estaban en la reunión, trataron de callar la manifestación demoníaca en lugar de tratar con ella. Fue lamentable que ese momento de enseñanza se perdiera.

Mi amigo y colega pastor, Mike Hutchings, estaba allí cuando sucedió esta visitación del Espíritu Santo. Él era pastor de una iglesia bautista hermana de la región. También estaba presente John Crone de otra Iglesia Bautista Americana cercana. Los tres éramos buenos amigos. Una vez al año las Iglesias Bautistas Americanas de la Región de los Grandes Ríos le daban un premio a un pastor sobresaliente de una de las 242 iglesias de la región. John había recibido el premio en 1982, mi iglesia lo recibió por evangelismo en 1983 y la iglesia de Mike recibió uno en 1984. Siendo reconocido con el premio es un asunto importante y fue bueno para cada uno de nosotros. Los ganadores, de hecho, suben por la escalera denominacional. Uno de los beneficios es que uno puede ser considerado para puestos denominacionales.

Posiblemente habíamos sido ganadores del premio, pero Mike, John y yo esencialmente nos caímos de la escalera después de la visitación del Espíritu Santo. En la iglesia de John la gente comenzó a caer al quedar bajo la influencia del Espíritu Santo, o era "derribada en el Espíritu". Eso era algo nuevo y nadie sabía qué estaba pasando. Unas personas pensaron que estaban siendo testigos de ataques cardiacos y llamaron al 911. A causa de todo ello, con el tiempo, John estuvo de acuerdo en dejar su iglesia.

Yo también estuve bajo fuego en mi iglesia. El líder de nuestra denominación en nuestra área vino a evaluar la situación. Probablemente aprovechó la oportunidad para desacreditar este mover del Espíritu Santo porque nuestra denominación era hostil hacia los dones del Espíritu, o quizá fue simplemente desafortunado, pero las personas con las que habló eran las que habían tenido las experiencias poco menos que favorables. Muchas personas habían tenido experiencias maravillosas, pero de alguna manera no tuvo oportunidad de hablar con ellas. Hubo una moción para sacarme, y aunque no prosperó, finalmente me fui por mí mismo ya que llegué a comprender que no pertenecía más a esa denominación.

El Señor me había hablado de ir a otra ciudad a comenzar una iglesia nueva. Mi salida puso en movimiento los acontecimientos para que me mudara a San Luis, Misuri, donde comencé una nueva iglesia que pastoreé durante dieciséis años. John de hecho fue despedido, no por algo que hubiera hecho, sino simplemente porque era mi amigo. Como los líderes de la denominación carecían del conocimiento y la capacitación para entender la sanidad o que alguien estuviera endemoniado reaccionaron por su temor e ignorancia.

Cómo conocí la liberación

Una noche estaba conduciendo de regreso a casa pues venía de una conferencia bíblica organizada por el ministerio de James Robison. Varios amigos que eran diáconos en la iglesia habían ido conmigo a ese evento. En el coche durante el camino de regreso esa noche tratamos de procesar lo que habíamos visto. Con un camino de diecisiete horas delante de nosotros, decidimos escuchar una serie de enseñanzas de John Wimber. John era uno de los miembros fundadores de La Viña, una red de iglesias que ayudó a iniciar la Renovación Carismática.

Una de las cintas hablaba de liberación. Era bastante descriptiva y al escucharla me convenció más que nunca de que no quería tratar con lo demoníaco. Ni me imaginaba que pronto enfrentaría un demonio por primera vez en mi propio ministerio.

Sorprendido por lo demoníaco

Habiendo regresado del viaje, tenía programado reunirme con un colega pastor quien se había enterado recientemente de que tenía una enfermedad terminal. Se había difundido que después de la visita del equipo de La Viña mi iglesia estaba experimentando sanidades, y este hombre muy estimado quería oración para su propia sanidad. Fui a verlo acompañado por cuatro o cinco personas de mi iglesia, y oramos por él. Era cerca de media noche cuando terminamos y se fue a casa. Uno de los miembros de nuestro equipo de oración, Alan,[2] preguntó si podíamos

5

orar por él antes de dar por terminada la noche. Acababa de comenzar un nuevo negocio muy exitoso y quería que oráramos para que Dios lo bendijera en medio de este éxito recién encontrado.

Alan había sido miembro de mi iglesia por varios años. Estaba en liderazgo pero había experimentado una conversión falsa. La noche en que el equipo de La Viña vino a nuestra iglesia Alan fue gloriosamente salvo. Fue tocado tan poderosamente por el Espíritu Santo que pensó que se iba a morir. Le pidió al Señor que retrajera su mano porque ya no podía resistir más. Como resultado de este poderoso toque de Dios, a Alan le fue dado un don de discernimiento de espíritus.

A medida que el equipo y yo orábamos por Alan, una de las mujeres del equipo comenzó a tener una manifestación demoníaca. Fue como si alguien la hubiera echo volar con un gancho a la barbilla. Literalmente fue levantada del piso, voló hacia atrás y cayó en al suelo donde se quedó mientras golpeaba el suelo con su cabeza repetidamente y hacía movimientos extraños con sus manos. Esta mujer era una líder en nuestra iglesia con una posición de alta visibilidad y un corazón que se preocupaba por la gente. Yo la veía como un pilar en la iglesia; y aun así allí estaba, rebotando en el piso, golpeando su cabeza y agitando sus brazos.

No sabía qué hacer. Decir que no estaba preparado es un eufemismo. La suma total de mi capacitación en liberación consistía en la cinta de Wimber que había escuchado recientemente; un capítulo que había leído en un libro de liberación de Francis MacNutt, quien había sido sacerdote católico y que era pionero de la renovación carismática; y lo que había visto en las Asambleas de Dios hacía poco.

No sabiendo qué otra cosa hacer, dejamos de orar, y Alan y yo fuimos a verla. No estoy exagerando cuando les digo que el rostro de Alice era casi irreconocible. En cuestión de segundos se había formado fluido en los tejidos de su cara. Su cuello se había hinchado al tamaño de su cabeza. Sus ojos giraban en direcciones diferentes mientras seguía golpeando el piso con la cabeza. Pusimos una almohada debajo de su cabeza y dejó de golpear el piso temporalmente.

Fui hacia la plataforma y me senté, confundido. Alan se acercó y me dijo: "Sabes qué es lo que estamos enfrentando aquí, ¿no es así?". Casi no sabía nada acerca de la liberación, pero sabía lo suficiente como para estar seguro de que no quería que los demonios nos hablaran. Le dije a Alan que no dijera que ella tenía un demonio. Antes de que pudiera decir algo más, Alice comenzó a golpear nuevamente el suelo con su cabeza. Alan y yo regresamos y nos paramos uno a cada lado de ella. Era horrible ver la manifestación demoníaca en ella. Sus ojos se dirigieron a Alan y ella le dijo en una voz gutural profunda: "¡Que feo eres, te odio!". ¡Ahora teníamos a un demonio hablándonos!

En ese punto de mi ministerio yo no entendía la autoridad que me había dado la obra consumada de Jesús en la cruz. Estaba tratando de dilucidar un método, pero sin el conocimiento de mi autoridad, esencialmente estaba hablando sin bases. Y francamente estaba asustado. De hecho estaba aterrorizado por toda la experiencia.

Comencé a ordenarle al demonio que saliera en el nombre de Jesús, pero sabía que me faltaba confianza en mi autoridad y no se quería ir. Después de ordenárselo varias veces más comencé a amenazarlo, pero eso no funcionó tampoco. Luego comencé a gritarle. Y Alan comenzó a gritarle, y de igual manera el esposo de Alice. Estábamos enojados de que este demonio no saliera y su esposo estaba muy molesto de ver a su esposa en un estado tal. Cada vez gritábamos más fuerte hasta que finalmente caímos en cuenta que el volumen y la autoridad no iban de la mano. Con frecuencia tales tácticas abrasivas incitan al demonio, provocando un trauma mayor a la persona endemoniado, pero no sabíamos eso.

Recurriendo a lo que tenía a la mano, fui al púlpito, tomé el aceite de la unción que guardaba allí, me puse un poco en una mano e hice la señal de la cruz en su frente con el aceite como había visto en *El exorcista*. No estoy inventando esto. De hecho lo hice, pero no hizo ninguna diferencia. Tomé la gran cruz de bronce de la mesa de la comunión y la coloque sobre su cuerpo. Eso tampoco funcionó. Ya no sabía que hacer. Entonces recordé que la esposa de Blaine Cooke, Becky, ministraba con éxito a las personas que estaban endemoniadas. Ella se movía en autoridad en esa área. Blaine era el maestro con el equipo de La Viña que había visitado recientemente nuestra iglesia. Desesperados, tratamos de llamarle a Becky a California. Lo extraño era que el teléfono de mi oficina estaba muerto, y el otro teléfono en el edificio de las aulas, también estaba muerto.

Le pedimos a Betty, una de los miembros del equipo, que fuera a casa y que llamara a Blaine. El esposo de Betty, como muchos en nuestra iglesia, no estaba completamente cómodo con la visitación del Espíritu Santo que habíamos experimentado con el equipo de La Viña; especialmente con el aspecto de la liberación. El equipo de La Viña se había disculpado por no haber tenido el tiempo de entrenarnos apropiadamente en liberación y habían prometido volver para capacitarnos más. Nos habían advertido que no intentáramos liberar a alguien hasta que no fuéramos entrenados. Por estas razones el esposo de Betty no quería que ella participara; ¡hasta que se enteró de que la mujer que necesitaba liberación era la esposa de su mejor amigo!

Juntos le llamaron a Becky Cooke. Ella le dio a Betty cinco pasos a seguir con Alice, así como la autoridad para ministrar la liberación. Como con frecuencia se presenta un elemento sexual durante la actividad demoníaca es sabio que las mujeres le ministren a las mujeres y los hombres a los hombres.

Betty pudo llevar a Alice a través de los cinco pasos sin gritar o levantar la voz. Hablando tranquilamente y moviéndose con confianza en autoridad le pidió a Alice que abriera los ojos. Betty sabía que ella necesitaba dirigirse a Alice, no al demonio. Al principio el demonio seguía diciendo: "¡No!", cuando Betty pedía hablar con Alice. Finalmente pudimos ver en los ojos de Alice que el demonio ya no estaba en control de su personalidad. Los ojos revelan bastante de lo que está sucediendo en liberación.

Una vez que Betty comenzó a hablar con Alice directamente, pudo determinar la causa raíz de la infestación demoníaca. Cosas horribles que le habían sucedido a Alice habían provocado que se formara un pozo de rencor en su vida. Cuando ella pudo renunciar al dolor y a la falta de perdón, al parecer había sido hecha libre. Oramos por ella para que fuera sanada en el Espíritu; y para que fuera llena por el Espíritu, como instruye la Escritura (Efesios 5:18), de ese modo el lugar que deja vacante el demonio que se ha ido no puede ser lleno con siete más que sean peores que el original. Creímos por fe que la liberación había sido exitosa, y como eran las 3:00 a. m., la enviamos a casa. Eso fue el sábado por la noche.

Aprendimos cómo liberar a las personas

El domingo en la mañana su marido se encontró conmigo en la iglesia con una mirada de desesperación. Alice había empeorado. Se había vuelto suicida al regresar a casa, y su esposo tuvo que esconder todos los cuchillos en la casa y llevarse a los niños a que se quedaran con sus abuelos. Nuestras experiencias la noche anterior habían generado suficiente fe en mí de modo que me sentí confiado en nuestra autoridad para tratar con esto una segunda vez. De hecho estaba un poco emocionado por la oportunidad de intentar esto nuevamente, habiendo visto como el demonio había respondido a la autoridad en Betty la noche anterior.

Como sabía que la liberación era un tema bastante problemático en nuestra iglesia, le pedí al esposo de Alice que la trajera de regreso a la iglesia esa noche. No quería a nadie más presente aparte de unos pocos diáconos y yo mismo. Sabiendo que iba a estar involucrado en liberación esa noche, prediqué sobre el pasaje de Colosenses 2:15 donde Dios humilló en público a los demonios, triunfando sobre ellos. Incluso le confié a uno de mis diáconos acerca de la liberación que se aproximaba. Él estuvo conmigo esa noche durante la liberación, pero estaba tan asustado que sostuvo su Biblia frente a él todo el tiempo.

Esa noche los diáconos y yo guiamos a Alice a través de la liberación. Lo que había tomado tres horas la noche anterior fue logrado en menos de media hora esa noche. Había un total de ocho personalidades infestando a Alice, cada uno con un nombre. Habíamos echado fuera una la primera noche, pero siete permanecían. Escribí los nombres de cada uno porque sabía que nadie recordaría todo eso, y porque quería asegurarme de que la experiencia era real; que ella no estuviera tratando de aparentar todo el asunto. Pudimos liberarla, y después nos preguntó si podía bautizarla nuevamente. Ella sentía que era necesario.

Yo no estoy a favor de rebautizar a la gente, pero Alice se sentía tan limpia, tan libre, tan cambiada por esta experiencia que quería ser bautizada otra vez. Estuve de acuerdo y la guié en el proceso. Cuando salió de las aguas caí en cuenta de que ahora estaba "borracha en el Espíritu". Cayó al piso y se quedó allí, riendo a carcajadas durante un rato. Habíamos orado por ella para que fuera llena del Espíritu Santo, y definitivamente había sido llena.

Yo había visto este tipo de risa santa en Toronto y de niño. En algunas ocasiones mi abuela en nuestra iglesia bautista se reía y reía. Todo le parecía gracioso. A finales de la década de 1950 no le llamaban "risa santa". Lo llamaban "ponerse feliz". Alice fue liberada, y ha permanecido libre desde entonces. Pero ese no es el final de la historia.

Alice tenía una prima, una mujer en sus treintas, quien sufría de epilepsia y de crisis convulsivas tónico-clónicas frecuentes que eran tan severas que le causaban daño cerebral. Gracias a la enseñanza que Alice y su marido recibieron del equipo de La Viña, que Dios todavía sana hoy, y a causa de la sanidad de Alice, fueron a orar por su prima. En el momento en que comenzaron a orar, la prima comenzó a tener una crisis convulsiva tónico-clónica.

Cómo conocí la liberación

Pensando que podría ser un demonio, me llamaron para pedirme consejo. Yo no quería verlo de esa manera, así que les sugerí que esperaran una semana más o menos y que regresaran para orar por ella y que vieran si sucedía lo mismo. Lo hicieron, y sucedió lo mismo: la prima tuvo una crisis convulsiva en el momento en que ellos comenzaron a orar. Como estábamos bastante seguros de que estábamos tratando con lo demoníaco organizamos una sesión de liberación. Alice y su esposo pidieron que Alan ministrara con nosotros.

Esa fue mi primera sesión de liberación programada, y el diablo comenzó a meterse conmigo. Me dijo que era una emboscada y que haría un espectáculo público de mí mismo cuando tratara de liberarla. Me dijo que ella tendría otra crisis y que iba a matarla, o por lo menos a provocarle más daño cerebral. Me puse muy nervioso. Era bastante intenso. Comencé a leer. Volví a leer a MacNutt, y volví a escuchar la cinta de Wimber.

Fui el primero en llegar a la sesión, seguido por Alan, quien se preparó en su coche nuevo, salió, cerró la puerta de golpe y dijo: "¡Bendito sea el Señor! ¡Aleluya!". Quedé desconcertado. Siendo bautista me había tomado un año aprender a levantar una mano y todo otro año antes de poder levantar ambas manos en alabanza. No pensé que Alan estuviera tomando todo esto con la seriedad suficiente. ¿No estaba al tanto de que el enemigo podría estar emboscándonos?

13

Comenzamos la sesión tranquilamente, sentados con la prima de Alice y explicándole amablemente que no estaríamos gritando ni haciendo todas esas tonterías que ella podría haber visto en la TV o en las películas. En lugar de ello, tomaríamos autoridad, oraríamos por ella, y si lo demoníaco estuviera presente, la liberaríamos. Parecía un buen inicio razonable. Alan y yo nos disculpamos y nos apartamos unos minutos para orar como preparación. Todo parecía perfectamente bajo control. Eso duró unos diez segundos antes de que la mujer se cayera de su asiento, golpeara el suelo y comenzara a manifestar demonios.

De inmediato regresamos con ella y Alan tomó el liderazgo. Les habló a los demonios y les dijo: "¡Sé todo acerca de ustedes!". Yo pensé que le estaba hablando a la mujer, y estaba sorprendido de que dijera tal cosa. ¿Cómo podía saber todo acerca de esta mujer? Mi mente estaba girando a toda velocidad y estaba pensando que posiblemente Alan se estaba volviendo loco. Nos habían advertido que cuando alguien se involucra en ministrar liberación hay una posibilidad de que esa persona enloquezca. Pensé que quizá eso le había pasado a Alan. Entonces dijo: "Sé lo que sucedió. Conozco sus nombres. Sé que hay dos demonios en ti y ustedes tienen que salir". Luego nombró los demonios y les ordenó que salieran en el nombre de Jesús.

Mientras Alan hablaba a los demonios, la mujer comenzó a erguirse y escupir y gritar. Era impresionante. Y entonces Alan dijo: "Sé todo acerca de Mike". A la mención del nombre de "Mike" la mujer perdió el control y comenzó a sacudirse todavía más. Entonces Alan dijo: "Y sé acerca de Benton". Ese era el nombre de un pueblo a unas millas de nuestra iglesia. La mujer nuevamente perdió el control. Entonces Alan le dijo que sabía acerca del adulterio, y aunque ella lo negó, Alan siguió insistiendo que Dios le había dicho "adulterio". En ese momento la mujer nos dijo que había sido su marido quien había cometido adulterio en el garaje con una adolescente apenas la semana anterior. Ella quería conseguir una escopeta y matarlo. Alan se disculpó por la mala interpretación.

Entonces Alice llamó aparte a Alan y le dijo la verdadera historia. Mike había violado a su prima veintitrés años atrás, a los dieciséis años, en Benton. Solamente Alice y su tía sabían acerca de la violación. Su tía le había dicho a su hija que jamás hablara de eso con nadie. Alan regresó a donde la mujer y pudo ministrarle. La guió en el perdón y otros pasos necesarios, y les ordenó a los demonios que salieran de ella. En ese momento tanto Alan como yo escuchamos las puertas batientes de la parte trasera de la iglesia rechinar, como si los demonios estuvieran saliendo del edificio. La prima de Alice había sido liberada.

Una nueva perspectiva bíblica

Durante la sesión de liberación después que Alan había mencionado a Mike y Benton, Alice le dijo: "¡Tengo que hablar contigo!". Se echaron a un lado y Alice le preguntó a Alan: "¿Cómo sabías esas cosas? Nadie sabía que Mike la violó en Benton excepto su mamá y yo". Nos dijo a Alice y a mí que lo había visto en una clara visión.[4] Continuó diciéndonos que la noche anterior, mientras estaba durmiendo, de pronto había sentido una mano en la garganta sofocándolo. Sintió como si estuviera siendo estrangulado. Algo lo estaba sofocando, y seguía tratando de decir: "¡Jesús!", pero no podía decir la palabra. Cuando finalmente pudo decir el nombre de Jesús, la cosa se fue. En ese punto Dios lo llevó a una clara visión. Vio a una señorita de dieciséis años siendo violada por un hombre llamado Mike en la parte trasera de un coche. Sabía el modelo y el color del coche. Vio el letrero de la calle donde el coche estaba estacionado y el pequeño letrero a la entrada de la ciudad con el nombre *Benton* en él.

Dios le dijo que había brujería de la nación cheroquí involucrada y que su abuelo había sido un chamán. La había llevado a cuevas y le había dicho que los espíritus del viento y el fuego la protegerían. La había involucrado en cosas de chamanes. Estaba sorprendido de que el Espíritu Santo le hubiera revelado todo eso a Alan.

Más tarde cuando compartí esta experiencia de liberación con John Wimber su respuesta me sorprendió. Me dijo que la liberación en sí era la parte sencilla; la parte más dura era ayudar a la gente a aclimatarse de vuelta a un estilo de vida normal. Dijo que solía ser necesario guiarlos en un largo proceso de reintegración porque muchas habilidades sociales habían sido atrofiadas por la realidad demoníaca deformada en la que habían estado viviendo. Mucha gente que había sido liberada encontraba que era necesario volver a aprender comportamientos aceptables y que con frecuencia prueban a los que están cerca de ellos para ver qué tan incondicional es su amor por ellos.

Después de estas experiencias me fueron abiertos los ojos a la realidad bíblica de lo demoníaco. Ya no tenía duda alguna de que el diablo era real y de que los demonios son reales, espíritus malevolentes con una voluntad y un intelecto que puede afectar a la gente. Como resultado cambié de una interpretación secular, naturalista y psicológica de los demonios a lo que llamo una perspectiva verdaderamente bíblica.

Volvamos ahora nuestra atención para echarle un breve vistazo a Satanás, como es mencionado en el Antiguo Testamento y como el enemigo derrotado de Jesús en el Nuevo Testamento.

Capítulo 2

LIBERACIÓN: UNA REALIDAD DEL NUEVO TESTAMENTO

El diablo y sus demonios en el Antiguo Testamento

La perspectiva del Antiguo Testamento acerca de Satanás es que es un engañador, el enemigo del pueblo de Dios que los tienta a pecar contra Dios, especialmente por presunción. También es retratado como el acusador del pueblo de Dios, tanto en el libro de Job como en pasajes de Zacarías. La palabra *diablo* no se encuentra en el Antiguo Testamento, solamente *Satanás*. Hay indicaciones de que los escritores del Antiguo Testamento, el cual fue escrito en el contexto del politeísmo (la creencia en muchos dioses), lucharon por no enfatizar el papel de Satanás ya que esta personalidad en cierta manera podría amenazar el monoteísmo (un Dios) que estaban esforzándose por establecer en la mente de los israelitas. Como resultado, encontramos muy poco acerca de Satanás en el Antiguo Testamento.

Liberación: Una realidad del Nuevo Testamento

Los pasajes más importantes que se relacionan con Satanás en el Antiguo Testamento se encuentran en 1 Crónicas 21:1; Job 1:6-2, 7; y Zacarías 3:1. Hay otros pasajes que han sido conectados con Satanás, aunque no es nombrado en ellos, como Génesis 3:1-19, en el que la serpiente que tentó a Eva es identificada como Satanás; Isaías 14:12-15, que varios comentaristas ven como una referencia a Satanás y otros como una referencia al rey de Tiro, quien representa al anticristo; y Ezequiel 28:12-19, que algunos comentaristas creen que se refiere al rey de Tiro.

LA PERSPECTIVA DEL NUEVO TESTAMENTO ACERCA DE SATANÁS

El nombre *Satanás* se encuentra treinta y tres veces en el Nuevo Testamento, y *diablo* se encuentra treinta y tres veces. A diferencia del Antiguo Testamento donde Satanás es un enemigo sin vencer, el Nuevo Testamento revela a Satanás como un enemigo derrotado. La cabeza de la gran serpiente es aplastada bajo el talón de los creyentes para quienes el poder del Espíritu ha sido hecho disponible en Cristo.[1] En el libro de Romanos, Pablo dice claramente que "somos más que vencedores por medio de aquel que nos amó. Pues estoy convencido de que ni la muerte ni la vida, ni los ángeles ni los demonios [...] podrá apartarnos del amor que Dios nos ha manifestado en Cristo Jesús nuestro Señor".[2]

Los escritores del Nuevo Testamento no se andan con

reparos para identificar a Satanás por quién es él. Mateo se refiera al diablo como Beelzebú, el príncipe de los demonios.[3] El apóstol Juan dice que es el padre de mentira,[4] y uno que se disfraza como ángel de luz.[5] En el libro de los Hechos Satanás engaña a Ananías y Safira, atrapándolos en una mentira que les costó la vida.[6] Pablo también identifica a los que sirven a Satanás como los que se disfrazan de siervos de la justicia.[7]

En Efesios Pablo dice que Satanás es el que gobierna las tinieblas y el espíritu que ejerce su poder en los que viven en la desobediencia.[8] Este título nos da información sobre el papel del diablo. Como él no es omnipresente, tiene que depender de su jerarquía de maldad, el plano demoníaco, para generar desobediencia. En Hechos, Pablo aborda el asunto de los hechiceros, a quienes hoy llamaríamos chamanes, y los identifica como aquellos en los que el diablo obra.[9] Los chamanes y los involucrados en hechicería y lo oculto son enemigos de toda justicia, llenos de todo tipo de engaño y de fraude, y tratan de torcer los caminos rectos del Señor. Hacen todo para poder apartar a la gente de la fe o de creer en Jesús como Salvador y Señor. Desde el punto de vista de la liberación, es importante entender quienes son estas personas y cómo operan.

En Hechos 13:4-12 Pablo cuenta uno de los muchos encuentros de poder entre el siervo de Dios y el siervo del diablo que se encuentran en la Biblia. El hechicero judío, Barjesús, quien estaba tratando de detener a Bernabé y

Liberación: Una realidad del Nuevo Testamento

a Saulo de compartir el evangelio con el procónsul, es cegado por la mano del Señor. Cuando el procónsul ve el poder de Dios en operación queda maravillado por la enseñanza del Señor y cree. Observe también que Barjesús es uno de los falsos profetas de los que somos advertidos en las Escrituras.[10]

En mi primer viaje a Mozambique para trabajar con los fundadores de Iris Ministries, Rolland y Heidi Baker, vi cómo el médico brujo de mayor influencia en la región fue liberado de demonios. Había visto a Jesús sanar a tantas personas a través del ministerio de Rolland y Heidi que, como Simón, el hechicero, en Hechos 8,[11] quería el poder que vio en Jesús. Entendía el poder espiritual y quería cambiar de bando. Cayó en cuenta de que los poderes con los que había estado trabajando no eran rivales para el poder del Espíritu Santo en el nombre de Jesús.

A su solicitud los miembros del equipo lo guiaron en una oración de arrepentimiento. Al confesar sus pecados y reconocer a Jesús como su Señor y Salvador, fue liberado. Cuando el hombre estaba quemando sus fetiches, la mujer con la que estaba viviendo fue sanada instantáneamente de sordera.

En su segunda carta a la iglesia de Corinto, Pablo dice que Satanás tratará de aprovecharse de nosotros porque ignoramos sus artimañas.[12] Lo llama el "dios de este mundo" quien ha "ha cegado la mente de estos incrédulos, para que no vean la luz del glorioso evangelio de Cristo, el cual es la imagen de Dios".[13] Pablo también está destacando la necesidad del perdón como una manera de prevenir que Satanás se aproveche de nosotros, señalando que "no ignoramos sus artimañas".

El escritor de Hebreos se refiere a Satanás como el "que tiene el dominio de la muerte—es decir, al diablo—".[14] En 2 Timoteo Pablo describe a Satanás como el que pone trampas para cautivar a la gente sumisa a su voluntad.[15] Pedro le advierte a los creyentes: "Practiquen el dominio propio y manténganse alerta. Su enemigo el diablo ronda como león rugiente, buscando a quién devorar".[16] En su primera carta a la iglesia de Corinto, Pablo les da instrucciones específicas a los creyentes para ayudarlos a entender lo que significa ejercer el dominio propio en sus propios matrimonios[17] y para estar alertas hacia los que adoran ídolos.[18]

Los primeros tres Evangelios, llamados los Evangelios Sinópticos porque sus relatos son muy paralelos entre sí, presentan un fuerte énfasis sobre la victoria de Jesús sobre el diablo y sus demonios. En Mateo, Marcos y Lucas vemos la victoria de Jesús sobre las tentaciones del diablo durante sus cuarenta días en el desierto inmediatamente después de su bautismo.[19] Lucas registra que Jesús sana a una mujer que había estado atada por Satanás durante dieciocho años.[20] y cuenta acerca de los setenta que regresaron regocijándose de que los demonios se les sometían en el nombre de Jesús.[21] Marcos habla acerca de que Jesús

Liberación: Una realidad del Nuevo Testamento

echó fuera un demonio de un hombre poseído después de que el demonio identifica a Jesús por nombre.[22] Un poco después Marcos cuenta la dramática historia de cuando Jesús sanó al endemoniado geraseno.[23]

En el libro de los Hechos, Pedro habla en casa de Cornelio y declara el poder de Dios en Jesús para sanar y liberar a todos los que estaban oprimidos por el poder del diablo.[24] En Efesios, Pablo aborda dos temas que son sumamente pertinentes para el ministerio de liberación.

El primero es el tema del perdón,[25] que es crucial para la sanidad y la liberación; y el cual abordaremos a mayor plenitud en un capítulo posterior. El segundo es un punto de instrucción a los creyentes acerca de cómo equiparse y hacer frente en contra de las artimañas del diablo.[26] Es donde Pablo nos dice que nuestra lucha no es contra seres humanos, sino contra poderes, contra autoridades, contra potestades que dominan este mundo de tinieblas, contra fuerzas espirituales malignas en las regiones celestiales. Aquí Pablo también nos revela la jerarquía del mal.

El apóstol Juan es sumamente claro para identificar a Satanás como el implicado en la muerte de Jesús, diciendo que "desde el principio éste ha sido un asesino",[27] e identificándolo como el que entró en Judas Iscariote para traicionar a Jesús.[28] Juan vio la gran batalla en el cielo entre Miguel y sus ángeles y el dragón y sus ángeles: "Pero no pudieron vencer, y ya no hubo lugar para ellos en el cielo. Así fue expulsado el gran dragón, aquella serpiente antigua que se llama Diablo y Satanás, y que engaña al mundo entero [...] Sujetó al dragón, a aquella serpiente antigua que es el diablo y Satanás, y lo encadenó por mil años".[29]

El Nuevo Testamento es rico en enseñanza sobre Satanás. Hay demasiado en él para poder cubrirlo aquí. No obstante, por ahora, usted debe tener un firme entendimiento de que bajo el Nuevo Pacto el diablo es un enemigo derrotado, así como una comprensión clara de quiénes son Satanás y sus demonios. Con esta comprensión bíblica básica, examinemos los aspectos teológicos de la liberación.

Capítulo 3
LA TEOLOGÍA DE LA LIBERACIÓN

CADA UNO DE NOSOTROS ES UN CUERPO, ALMA y espíritu, creados como un ser espiritual. Es nuestro espíritu lo que nos conecta con Dios. Cuando alguien le pide a Jesucristo que entre a su vida, el Espíritu de Dios se conecta con su espíritu, y son unidos a Jesús. El Espíritu de Dios le asegura a nuestro espíritu que somos hijos de Dios (Romanos 8:16). Cuando el pecado nos separa de Dios, nuestro espíritu todavía funciona, pero como el espíritu fue diseñado para conectarse y relacionarse con Dios, el pecado hace que se separe de Dios.

El alma también es parte de nuestro ser interior. Abarca la mente, que nos da la capacidad de pensar; la voluntad, que es nuestra capacidad de escoger; y las emociones, que son nuestra capacidad de sentir. Nuestro cuerpo es el templo el Espíritu Santo, y nos da identidad física y nos habilita para relacionarnos con el mundo físico.

En el momento de nuestra salvación somos redimidos totalmente: cuerpo, alma y espíritu. El espíritu es plenamente redimido en cuanto el Espíritu de Dios se conecta con el nuestro. El alma, conformada por nuestra mente, voluntad y emociones también es redimida. Primera de Corintios 2:16 dice que nosotros tenemos la mente de Cristo. Filipenses 2:13 dice que Dios está en nosotros para producir el querer como el hacer para que se cumpla su buena voluntad. En otras palabras, Dios nos da el deseo y el poder de hacer su voluntad. Redime nuestras emociones con el fruto de su Espíritu, que es amor, alegría, paz, paciencia, amabilidad, bondad, fidelidad, humildad y dominio propio (vea Gálatas 5:22-23).

Liberación: El pan de los hijos

Lo que ha sido redimido en nosotros debe ser reclamado. Como el Espíritu de Dios mora en nuestro espíritu, creo que nuestro espíritu ha sido completamente reclamado, pero el alma también debe ser reclamada. Esto es lo que el apóstol Pablo estaba enseñando en 2 Corintios 4:16: "Por tanto, no nos desanimamos. Al contrario, aunque por fuera nos vamos desgastando, por dentro nos vamos renovando día tras día".

La liberación es "el pan de los hijos" al que hizo referencia Jesús en Mateo 15:26. Es una parte integral de la expiación y central al ministerio de sanidad que le ha confiado a su Iglesia. La liberación, como realidad del Nuevo Testamento, fluye de la obra consumada de la Cruz. Jesús no fue derrotado en la cruz por Satanás. Al contrario; Él derrotó al diablo cuando resucitó de los muertos:

"Desarmó a los poderes y a las potestades, y por medio de Cristo los humilló en público al exhibirlos en su desfile triunfal [en la cruz, RVR1960]" (Colosenses 2:15, ampliación añadida).

Ahora tenemos un nuevo pacto de esperanza al tiempo que contemplamos a nuestro resucitado Salvador, sentado a la diestra de Dios con todas las cosas debajo de sus pies. Escuchemos con nuestros oídos y ojos espirituales la oración de alabanza y acción de gracias de Pablo:

> Pido también que les sean iluminados los ojos del corazón para que sepan a qué esperanza él los ha llamado, cuál es la riqueza de su gloriosa herencia entre los santos, y cuán incomparable es la grandeza de su poder a favor de los que creemos. Ese poder es la fuerza grandiosa y eficaz que Dios ejerció en Cristo cuando lo resucitó de entre los muertos y lo sentó a su derecha en las regiones celestiales, muy por encima de todo gobierno y autoridad, poder y dominio, y de cualquier otro nombre que se invoque, no sólo en este mundo sino también en el venidero. Dios sometió todas las cosas al dominio de Cristo, y lo dio como cabeza de todo a la iglesia. Ésta, que es su cuerpo, es la plenitud de aquel que lo llena todo por completo.
>
> —EFESIOS 1:18-23

Pablo continua este pasaje con una explicación de los pasos que tomará Dios para lograr su propósito, comenzando con la salvación de los individuos. Los que una vez estuvieron muertos en pecado pueden estar vivos en Cristo. "Y en unión con Cristo Jesús, Dios nos resucitó y nos hizo sentar con él en las regiones celestiales, para mostrar en los tiempos venideros la incomparable riqueza de su gracia, que por su bondad derramó sobre nosotros en Cristo Jesús" (Efesios 2:6-7). Ahora estamos firmes en el lugar de victoria con Cristo, y eso incluye la victoria sobre lo demoníaco.

Nuestra autoridad en el Reino

Nunca vemos a Jesús luchando o batallando con los poderes demoníacos. Él siempre actúa desde una posición de autoridad, manifestando el Reino del Padre. Le dijo a la multitud: "Pero si expulso a los demonios con el poder de Dios, eso significa que ha llegado a ustedes el reino de Dios" (Lucas 11:20). Simplemente les ordena a los demonios que salgan, usando la autoridad que tiene del Padre, a la que los demonios tienen que obedecer. "Todos se asustaron y se decían unos a otros: '¿Qué clase de palabra es ésta? ¡Con autoridad y poder les da órdenes a los espíritus malignos, y salen!'" (Lucas 4:36).

Como creyentes que estamos firmes en victoria con Cristo, también tenemos esta autoridad. Jesús nos ha comisionado para que vayamos al mundo con sus buenas nuevas, diciéndonos que los milagros, las señales y las maravillas nos acompañarán (Marcos 16:15-18). Él dice específicamente: "En mi nombre expulsarán demonios" (v. 17).

Nosotros en la Iglesia hoy debemos ser lo suficientemente valientes como para reconocer nuestra necesidad de vivir en la realidad de la cercanía del Reino de Dios, porque está entre nosotros tanto como cuando Jesús lo trajo por primera vez hace dos mil años. Creo que el propósito principal del poder de Dios dado a los creyentes es ser una revelación continua de su amor y una parte integral de la presentación del evangelio;[1] lo cual incluye liberación. ¿Cómo puede alguien abrazar las buenas nuevas del evangelio si están atados por los poderes de las tinieblas?

Dios envió a su Hijo para liberar a los cautivos, y Jesús sigue liberando prisioneros hoy. El erudito en Nuevo Testamento, Craig Keener, en su libro *Miracles: The Credibility of the New Testament Accounts* [Milagros: La credibilidad de los relatos del Nuevo Testamento], presenta evidencia amplia y creíble de sus muchos años de investigaciones de que tanto los milagros históricos como los modernos, incluyendo las liberaciones, son actos divinos genuinos de un Dios amoroso. Después de reunir testimonios de todo el planeta, reporta:

> Cristianos en Camerún exorcizaron a una persona que se sabía tenía problemas mentales; su recuperación inmediata y completa llevó a

muchas conversiones en la comunidad. Muchos evangelistas de la India oran y ayunan, luego ministran a los que se afirma están poseídos; se difunde la noticia de la liberación de estos espíritus, abriendo la comunidad al evangelio. Después que el pastor de micronesia Steve Malakai comenzó a reprender los poderes espirituales dominantes en las ruinas de un antiguo sitio de sacrificios, extensas sanidades, liberaciones y conversiones siguieron. Un evangelista de Sri Lanka señala que echa fuera demonios, y que los convertidos entregan sus talismanes y amuletos; la gente esperaba que sufriera daño, pero no sucedió.[2]

¡Jesús es nuestro Rey conquistador! Note que no dije "fue" nuestro Rey conquistador. Jesús *está* vivo y activo en el mundo hoy a través de su Iglesia para traer las palabras del Padrenuestro: "Venga tu reino, hágase tu voluntad en la tierra como en el cielo"[3], a su plenitud.

La fascinación de moda con el diablo y el mal que resurgió en la cultura estadounidense en la década de 1970, y que se conjuntó con un anhelo de ampliar nuestra conciencia, dio pie a una plétora de prácticas ocultas de la Nueva Era que se han arraigado en nuestra cultura. Combinando eso con las verdades a medias de la industria del entretenimiento, terminamos con una cultura confundida espiritualmente. Los evangélicos intelectuales tienden a reprimir la noción del mal y, por lo tanto, la

La teología de la liberación

necesidad de liberación; mientras que otros segmentos de la Iglesia corren tras la liberación a tal gran magnitud que ven demonios detrás de todo los que los aquejan. Añada a la mezcla personas cuya práctica de la liberación raya en lo cuestionable y en la manipulación, y ¿no es maravilla que la Iglesia tienda a desesperarse en confusión con respecto a la liberación?

No hay necesidad de que la Iglesia permanezca ignorante o confundida con respecto a la liberación. Si examinamos el ministerio de Jesús en su contexto cultural, podemos evaluar con mayor precisión nuestras propias suposiciones culturales acerca de la sanidad. Con su limitado conocimiento de la medicina y la ciencia, los escritores de los Evangelios, especialmente Lucas, el médico, podían distinguir entre una enfermedad con una raíz demoníaca y una enfermedad con una raíz física.

Si los discípulos de Jesús pudieron combinar el conocimiento médico y la revelación espiritual y aplicarlos al ministerio de sanidad de Jesús, entonces posiblemente nosotros en la Iglesia de hoy podríamos estar dispuestos a hacer lo mismo con el fin de traer un paradigma holístico de sanidad al cuerpo de Cristo al siglo veintiuno. Después de todo, la medicina alopática no ha probado ser la esencia final de la sanidad. ¿Cómo sería para la Iglesia de hoy la restauración de la realidad del Nuevo Testamento de la sanidad, incluyendo la liberación? ¡Sería un avivamiento!

Habiendo considerado la información del Nuevo

Testamento acerca de los demonios y la liberación, ahora examinaremos la comprensión histórica de la Iglesia acerca de ellos.

Capítulo 4

LA LIBERACIÓN EN LA HISTORIA DE LA IGLESIA

E L CRISTIANISMO APOSTÓLICO FUE EL FUNDAMENTO de los inicios de la Iglesia, a medida que sus discípulos salían a evangelizar y reconciliar a los creyentes. La Iglesia en sus inicios se encontraba formada principalmente de judíos que eran protegidos para practicar su fe bajo la ley romana. Con la destrucción de Jerusalén y la postura del naciente cristianismo de ser la única religión "verdadera" vino la persecución. Añada a esta persecución la filosofía dualista de Platón de que el plano espiritual es superior al plano natural, lo cual introdujo el concepto de la devaluación del cuerpo humano, y usted encontrará condiciones uniéndose para formar los principios de un paradigma teológico que finalmente llevaría al cese del ministerio de sanidad y liberación dentro de la Iglesia.

Cuando hablo acerca del ministerio de sanidad en los inicios de la Iglesia, entiendo que abarcaba liberación. Obviamente no toda sanidad necesita liberación, pero la liberación en los inicios de la Iglesia era de todos modos una parte integral del ministerio de sanidad. Con mucha frecuencia la sanidad no podría llevarse a cabo sin la liberación, y eso no ha cambiado. La Iglesia en sus inicios entendió esto. Morton Kelsey, en su libro *Healing and Christianity* [Sanidad y cristianismo], examina testimonios confiables de la historia de los inicios de la Iglesia de los que fueron testigos o participaron en el ministerio de sanidad y liberación. Justino Mártir es uno de esos testigos.

Justino Mártir era un apologista cristiano del segundo siglo quien evangelizó en Asia Menor y fue finalmente martirizado en Roma por su fe. Antes de su muerte escribió dos "apologías" (la defensa de una creencia o postura), una de las cuales estaba dirigida al entonces emperador de Roma. Esta es una cita de tal apología, la cual indica cómo el poder de la obra consumada de Cristo en la cruz en la vida de los primeros discípulos desarrolló la Iglesia:

> Porque incontables endemoniados a lo largo de todo el mundo, y en su ciudad, que fueron exorcizados por muchos de nuestros hombres cristianos en el nombre de Jesucristo [...] han sanado y sanan, dejando impotentes y echando fuera a los demonios que los poseían, aunque no hayan podido ser curados por todos los demás exorcistas y los que utilizaban encantamientos y sustancias.[1]

Este fuerte énfasis del ministerio de sanidad y liberación en los inicios de la Iglesia era fundamental para difundir el cristianismo y así permanece hoy. El evangelio es sobrenatural, y no podemos compartir sus buenas noticias plenamente aparte de lo sobrenatural. La Iglesia debe responder al dios de este mundo con fe *y* poder.

PRIMEROS TESTIGOS OCULARES DEL MINISTERIO DE LIBERACIÓN

Hay una gran cantidad de muchos otros a lo largo de la historia de los inicios de la Iglesia que dan testimonio de la liberación: Hermes (150-270 d. C.), Tertuliano (160-220 d. C.), Orígenes (185-254 d. C.), Teófilo de Antioquía, Marco Minucio Félix (segundo siglo), Irineo (175-195) y Arnobio y Lactanio (300-325 d. C.),[2] por mencionar algunos. Este es un testimonio de Lactanio quien era pupilo de Arnobio:

> Cuando él mismo delante de su pasión hacía entrar en confusión a los demonios por su palabra y su mandato, así ahora, por el nombre y señal de la misma pasión, los espíritus inmundos, habiéndose insinuado en los cuerpos de los hombres, son echados fuera, al ser atormentados y afligidos, y confesando ser demonios ellos mismos se rinden a Dios, quien los asedia.[3]

En 380 d. C. el cristianismo se convirtió en la religión oficial del Imperio Romano. Con esta legitimidad, líderes fuertes y brillantes comenzaron a emerger dentro de la Iglesia, fundando la ortodoxia de las primeras doctrinas cristianas, de las que la sanidad y la liberación eran una parte integral. De este grupo emergió Agustín, quien se convertiría en el indiscutido teólogo de Occidente durante mil años.

Aunque al principio criticó la sanidad, las experiencias de Agustín a lo largo de un periodo de cuarenta años lo llevaron a la realidad de que la sanidad y la liberación eran verdaderamente parte integral de la obra y ministerio de la Iglesia. Antes de morir, Agustín sería conocido por una unción de sanidad y la autoridad para liberar.

A pesar de esto, su teología, como ha sido comunicada dentro de las iglesias reformadas, no incluye sus perspectivas maduras sobre sanidad y liberación. Como resultado, los reformadores que siguieron a Agustín abandonaron la realidad del mal a favor de una cosmovisión que alejó a la Iglesia de la comprensión bíblica de la Iglesia llena de poder sobrenatural.

La desintegración de la civilización occidental con el colapso del Imperio Romano en los siglos sexto y séptimo introdujeron una nueva era para la Iglesia. A medida que los sistemas educativos colapsaron y las ciudades se vaciaron, la enfermedad, la depresión y el desaliento comenzaron a caracterizar la vida, moviendo el énfasis de "esta vida" a la siguiente. Con la traducción de las Escrituras al latín, el significado de algunas partes de la Escritura fueron mal traducidas inadvertidamente. La palabra *sanar* algunas veces fue traducida como "salvar". Con el cambio en el significado vino un cambio en la práctica. En la iglesia católica, la unción para sanar llegó a ser conocida como "la extrema unción para los moribundos".

El ascenso de la Iglesia al poder y la afluencia que sobrevino llevó a un declive en la moralidad de los líderes y dio auge al movimiento monástico; el cual de hecho abarcaba una serie de movimientos semejantes a los avivamientos de santidad. Los monásticos, procurando un nivel de santidad que ya no existía en la Iglesia, huyeron de las ciudades buscando refugio en los desiertos del norte de África donde continuaban practicando sanidad y liberación. Con el tiempo llegaron a ser conocidos como los "Padres del desierto". En medio de las batallas doctrinales los *charismata* perdieron su lugar como parte vital de la Iglesia institucional.

Eddie L. Hyatt en su libro *2000 Years Of Charismatic Christianity* [2000 Años de cristianismo carismático],[4] dice esto:

> Después del ascenso de Constantino al poder, la mayoría de los fenómenos sobrenaturales fueron registrados por los monásticos o por los que veneraban el estilo de vida monástico. El cardenal

Leon Joseph Suenens está en lo correcto al decir: "En sus inicios, el movimiento monástico era, de hecho, un movimiento carismático".[5] Los milagrosos dones del Espíritu Santo, que desaparecieron de la Iglesia institucional, ahora aparecían entre los monásticos. Muchos monjes obtuvieron notoriedad por su poder en oración y su capacidad para producir sanidad, liberación de la opresión demoníaca y otros fenómenos milagrosos.

Uno de esos monjes era Antonio Abad, considerado el fundador del movimiento monástico.[6] Hijo de una acaudalada familia egipcia, respondió al llamado de Dios a la edad de dieciocho años para entrar al estilo de vida monástico. El obispo Atanasio escribió una biografía de Antonio, que está "llena de relatos de lo sobrenatural. Según Atanasio, muchas personas de todos los estilos de vida visitaban a Antonio en el desierto buscando sus oraciones y sabiduría. Se dice que poseía el don de discernimiento de espíritus y con frecuencia conocía cosas sobrenaturalmente. Sus oraciones traían sanidad a los enfermos y liberación a los endemoniados [...] Muchos se reunían a la entrada de la cueva de Antonio buscando sus oraciones [...] y 'a través de él el Señor sanaba los padecimientos físicos de muchos de los presentes y limpiaba a otros de espíritus malignos'".[7]

La Iglesia llegó a creer que estos divinos Padres del

Desierto eran los únicos lo suficientemente santos para practicar sanidad y liberación. Los sacerdotes y las monjas también estaban incluidos en esta categoría de "suficientemente santos." Y se sospechaba que los llamados creyentes normales que seguían moviéndose en esos dones operaban por el poder del diablo.

LA INFLUENCIA DE LAS FILOSOFÍAS GRIEGAS

En el siglo trece, la creciente influencia de las filosofías griegas comenzó a alejar a la Iglesia del paradigma de sanidad del primer siglo. Durante el periodo de 1200-1575 la Iglesia cayó bajo la influencia de una teología llamada la Síntesis Aquino-Aristotélica. Tomás de Aquino fue un teólogo dominico italiano considerado uno de los teólogos de mayor influencia del periodo medieval. Sus ideas sobre integrar el pensamiento cristiano y la filosofía aristotélica tuvo un impacto importante durante una coyuntura crucial de la cultura occidental. Es importante señalar que sus ideas tomaron bastante tiempo en impactar significativamente. Fue un proceso gradual y no repentino. Sin embargo, el enfoque más racional a la doctrina de la iglesia hizo del experimentar menos importante.

Agustín (354-430 d. C.), obispo de Hipona, en el norte de África, al principio descartó los *charismata* como señales que habían pasado de la Iglesia, declarando que "la presencia del Espíritu Santo ya no es dada por milagros, sino por el amor de Dios en el corazón de uno por la

Iglesia".⁸ Más tarde en su vida Agustín llegó a entender lo sobrenatural que operaba en la vida de la Iglesia y escribió acerca de ello en su obra *La ciudad de Dios*, describiendo además de una variedad de sanidades específicas, "la posesión demoníaca e incluso la resurrección de muertos".⁹

Los reformadores de los años 1500, que fallaron en comprender que el poder fluye de la relación y no de la doctrina, abrazaron una teología que se oponía a la sanidad y a la liberación. Afortunadamente el avance del Reino de Dios nunca ha estado sujeto a la teología del hombre. Dios continúa demostrando su poder a los que son lo suficientemente humildes para recibirlo.

El surgimiento del protestantismo y de la teología que lo acompañó chocó de manera aguda con la teología de la iglesia católica, creando un gran sisma en el mundo cristiano. Martín Lutero dirigió la carga para alejarse del catolicismo. Muchos llegaron a caracterizar a Lutero como que estaba en contra de lo milagroso, pero ese no era el caso. "Lutero dejó clara evidencia de su propia creencia en el ministerio personal y directo del Espíritu [...] Lutero es citado con frecuencia diciendo: 'Ha sucedido con frecuencia, y todavía sucede, que los demonios han sido echados fuera en el nombre de Cristo; también al clamar en su nombre y en oración, los enfermos han sido sanados'".¹⁰

LA LIBERACIÓN VUELVE A LEVANTARSE CON GRANDES DESPERTARES

Los movimientos de avivamiento de los siglos dieciocho y diecinueve se centraron en un deseo por santidad y un retorno al cristianismo apostólico. Estos poderosos movimientos de Dios, comúnmente conocidos como el Primer Gran Despertar y el Segundo Gran Despertar, vieron a cientos de miles de iglesias siendo plantadas en todo el mundo, que nacieran nuevas denominaciones y que los dones del Espíritu fueran restaurados. La sanidad y la liberación nuevamente se volvieron razones importantes, como lo fueron en el libro de los Hechos, para que la gente viniera a Cristo.

Las historias de liberación de esos dos siglos de avivamiento abundan. Uno de los primeros sucedió en Alemania en los años de 1800 al principio de lo que era conocido como el movimiento de la Cura de Fe. Un pastor luterano y teólogo llamado Johann Blumhardt se dio a la tarea de liberar a una joven mujer en su parroquia. Desde la caída de 1841 hasta 1842 la aldea entera y los alrededores donde vivía la joven mujer fueron testigos de la batalla bastante pública de Blumhardt con lo demoníaco. Cuando el demonio finalmente salió, gritó: "¡Jesús es el vencedor!", al salir. Escuchado a más de una milla (1609 m) de distancia, el grito trajo un cambio en la atmósfera espiritual de la región, dando como resultado un despertar espiritual a medida que arroyos de personas acudían a Blumhardt para confesar sus pecados y recibir oraciones de sanidad. Para Pascua la comunidad estaba experimentando un poderoso mover del Espíritu de Dios.

Los hermanos Juan y Carlos Wesley, llamados "la cabeza y el corazón del avivamiento", eran ministros británicos del siglo dieciocho quienes, junto con George Whitefield, fundaron el metodismo. El historiador Roberts Liardon, en su libro *Los generales de Dios* detalla la historia de liberación de un hombre llamado John Hayden.

Hayden, un hombre honrado reconocido en su comunidad, asistió a una de las reuniones de Wesley solamente para salir denunciando la enseñanza de Wesley como un engaño. Cuando se sentó más tarde para leer uno de los sermones de Wesley titulado "Salvación por fe", la convicción de Dios vino sobre él con tal poder que su esposa lo encontró golpeando el piso y clamando: "¡Que todo el mundo vea el juicio de Dios!".[11]

Hayden entonces comenzó a renunciar a los demonios que lo estaban atormentando, diciéndoles: "No te puedes quedar. ¡Cristo te echará fuera!".[12] Juan Wesley y su hermano fueron llamados a la casa de Hayden donde procedieron a orar hasta que fue liberado.

En otro relato, de una de las reuniones de oración de los Wesley en octubre de 1739, una joven mujer fue liberada dramáticamente. Mientras Juan estaba predicando, ella cayó al piso, crujiendo los dientes y rugiendo. Con grandes dificultades, tres o cuatro personas pudieron sujetarla para que sus síntomas violentos pudieran calmarse. Intercalados con periodos de calma, ella comenzaba a gritar y a escupir y a proferir blasfemias. En momentos la vencía una risa horrenda. En otros momentos los demonios hablaban. Esto continuó durante gran parte de la tarde antes de que la mujer fuera liberada.[13]

Rechazado por la Iglesia, Wesley fue obligado a un ministerio itinerante en la campiña inglesa. Allí "el Espíritu confirmaba la Palabra con sanidades, con liberaciones y con manifestaciones inusuales como caerse, temblar, rugir, llorar y reír".[14]

El ministerio de Carlos Finney, considerado el padre del movimiento de avivamiento moderno, tocó el tejido mismo de Estados Unidos en la coyuntura de la guerra a principios de los años 1800. Se dice que "el poder el Espíritu Santo obraba poderosamente en él para transformar la cultura emergente de Nueva Inglaterra del impotente calvinismo a un evangelismo activo y eficaz dondequiera que iba".[15]

Finney era un evangelista ungido. Su enseñanza innovadora inspiró a una nación naciente a convertirse en una nación bajo Dios. En su sermón titulado "La guerra cristiana", publicado en 1843, Finney dice: "La guerra cristiana es una guerra entre la voluntad y Satanás. Es su gran objetivo mantener la voluntad en sujeción a las inclinaciones de la sensibilidad. Por lo que dirige todos sus esfuerzos a inflamar estas inclinaciones, y a través de ellas esclavizar la voluntad".[16]

En su sermón Finney relata la historia de un hombre que experimentó liberación durante una de sus (de Finney) reuniones. Este hombre muy impío, que tomó gran deleite en atacar verbalmente el cristianismo, llegó a la reunión de Finney con el único propósito de perturbar. Mientras Finney predicaba, el poder de Dios cayó sobre este hombre. Se cayó de su asiento al piso donde procedió a retorcerse en gran agonía gritando: "¡Oh, Jesús, cómo he abusado de ti!". Esto continuó hasta que finalmente el hombre se quedó en silencio y en paz. Luego pasó a convertirse en lo que Finney denominó "una luz en llamas" para Cristo, cuya "lengua parece estar en sintonía con las alabanzas de Dios".[17]

Se calcula que Finney guió a más de quinientas mil personas a la salvación. En ocasiones multitudes inmensas respondían a la presencia de Dios en las reuniones de Finney con arrepentimiento. Cuando llegaba a una ciudad, los bares cerraban por falta de clientes, a los negocios se les bajaban las persianas para que los empleados pudieran escuchar al hombre de Dios y el crimen disminuía. Como todos los involucrados en los movimientos poderosos de Dios, Finney tenía sus críticos. Ciertamente no todos en la Iglesia abrazaron este extenso periodo de avivamiento. Unos setenta años después, el predicador británico y erudito en la Biblia, George Campbell Morgan, por ejemplo, veía los movimientos de avivamiento de esta manera: "El movimiento pentecostal es el último vómito de Satanás".

LA LIBERACIÓN LLEGA A LOS TITULARES EN EL SIGLO VEINTE

Una historia de liberación de mediados del siglo veinte proviene del ministerio del pastor estadounidense Lester Sumrall. Él y su familia fueron llamados al ministerio en Manila en la década de 1950. Fue allí que la obra de Sumrall con una niña poseída por demonios llamó la atención nacional. Su historia titulada "Mordida por demonios", se encuentra descrita a detalle en el primer capítulo del libro de Sumrall, *Demons: The Answer Book* [Demonios: El libro de respuestas].[18] Esta jovencita, una presa, fue mordida en repetidas ocasiones, aunque nadie podía ver que nada la mordiera. En su rodilla, cuello, brazos y hombros aparecían mordidas. Se podían ver marcas de dientes, húmedas con saliva.

Cuando estaba siendo mordida gritaba y se revolvía tratando de combatir a sus atacantes incluso al ser sostenida en los brazos de sus celadoras. Ella describió a uno de los demonios que la mordían como teniendo cabello oscuro ensortijado sobre su cuerpo, ojos grande penetrantes y colmillos.

En cierto punto su batalla angustiosa con el diablo fue transmitida por la estación de radio de la ciudad. Sumrall escuchó la transmisión y reconoció de inmediato que la chica no estaba loca o enferma sino poseída por demonios. Clamó al Señor para que lo dirigiera y sintió que Dios le dijo que fuera a la cárcel a orar por ella y que Dios la liberaría.

En obediencia Sumrall fue a la prisión y se le otorgó permiso de ministrar a la niña. Cuando comenzó a ministrar, se entabló una batalla entre el diablo y Sumrall. Y continuó a lo largo del día. Esa noche, exhausto, Sumrall fue a casa a descansar, ayunar y orar. Regresó al día siguiente y comenzó nuevamente la batalla a favor de la chica. Finalmente, los demonios fueron echados fuera de la muchacha y fue liberada.

Tan dramática y pública fue su liberación y sanidad que los periódicos publicaron la historia en todo Filipinas. Todo el país se abrió al evangelio como resultado de la liberación de esta chica. Surgieron reuniones de avivamiento y continuaron durante semanas con multitudes que se calculan llegaron a los sesenta mil una noche. Se reportó que ciento cincuenta mil fueron salvos durante el avivamiento. Las sanidades abundaron: "Un actor famoso que no podía caminar fue sanado [...] Un abogado que había estado en muletas durante doce años salió caminando cargándolas completamente sano".[19]

Aunque la Iglesia en sus inicios tuvo una rica historia de sanidad con liberación y ciertos segmentos de la Iglesia también hoy todavía lo tienen, en general los cristianos no pentecostales/carismáticos tienen poco interés en la sanidad y la liberación dentro del cristianismo ortodoxo. Es solamente cuando alguien, sea ministro o laico, tiene una experiencia personal con lo demoníaco—como los tres seminaristas que mencioné en mi introducción—que se abren al ministerio de la liberación. Las buenas noticias en todo esto es que con el incremento de las prácticas ocultas en la sociedad occidental, estamos comenzando a ver, por necesidad, grietas en las paredes de la resistencia alrededor del ministerio de liberación.

Habiendo visto el impacto de mi primera experiencia personal sobre mi entendimiento de la liberación, seguido por un estudio de la perspectiva del Antiguo y Nuevo Testamento sobre los demonios y la liberación, así como una consideración de la perspectiva de la Iglesia, volvamos ahora nuestra atención a lo que creo es el propósito del ministerio de liberación.

Creo que el ministerio de liberación debe ser entendido como parte del "proceso de santificación". Este es el tema de nuestros tres capítulos siguientes. Comenzará en el capítulo 5 a través de abordar la pregunta de si un cristiano puede tener un demonio y luego en el capítulo 6 consideraremos las señales de que alguien este endemoniado. Con este fundamento, examinaremos la liberación como parte del proceso de santificación en el capítulo 7.

Capítulo 5

¿PUEDE UN CRISTIANO ESTAR ENDEMONIADO?

H ACE VARIOS AÑOS ESTABA MINISTRANDO CON un equipo en India. Estábamos orando por sanidad por un joven que había sufrido de dolores de migraña durante diez años. Tenía unos veinticinco años y había experimentado migraña cada momento en que había estado despierto durante los diez años anteriores de su vida. Unas pocas noches antes yo había visto a la mitad de una multitud de cien mil personas ser sanada y como un tercio de ellos aceptaron a Jesús. La mayoría eran hinduistas. Este joven era musulmán y preguntó si nuestro Dios podía hacer por él lo que había hecho por los hinduistas. Le dije que yo creía que Dios también lo podía sanar, y comenzamos a orar por él. En el momento en que comenzamos a orar por su sanidad, sus ojos se pusieron en blanco. Comenzó a gritar—dio un alarido muy agudo como si fuera mujer—y a sacar la lengua de una manera extraña. Luego cayó al suelo.

Le dije a nuestro traductor que tenía un demonio y

que necesitábamos echarlo fuera. Lo hicimos y después el joven se me acercó, emocionado de que por primera vez en diez años su dolor de cabeza se había ido. Estas eran noticias maravillosas, pero yo sabía que teníamos otro problema, y se lo dije. Le explique que había sido un espíritu (un demonio) lo que había causado sus dolores de cabeza y que habíamos tenido que sacarlo en el nombre de Jesús; pero que si él no tenía a Jesús dentro de él, entonces el espíritu que lo había afligido y los dolores de cabeza regresarían. Si él no le pertenecía a Jesús, entonces no tendría la autoridad para usar el nombre de Jesús. En otras palabras, él podría seguir siendo musulmán y ver el regreso de las migrañas o convertirse en cristiano y tener la autoridad de permanecer libre. Sin ninguna discusión de su parte, preguntó qué necesitaba para aceptar a Jesús, y uno delos pastores lo guió al Señor. Fuera de Cristo, este joven no habría tenido nada con lo cual tratar con lo demoníaco. Y eso es verdad para todos.

Si alguien no es creyente y desea recibir liberación, podemos llevarlo al Señor antes de que le ministremos liberación, o podemos expulsar al demonio y entonces llevarlo a Cristo de inmediato después de ello. Funciona en cualquier modo.

A lo largo de los años muchas personas me han preguntado si un cristiano puede estar endemoniado. La persona más endemoniada en la Biblia, y el ejemplo clásico de liberación se encuentra en Marcos 5. Es la historia del endemoniado geraseno, y es este relato lo que me lleva a creer que los cristianos pueden estar endemoniados.

¿Qué significa estar "endemoniado"?

Antes de continuar, quiero examinar la palabra *endemoniado* tal y como se usa en este libro. La mayoría de las versiones de la Biblia usan ya sea el término *posesión* o "los poseídos". Lo considero una selección pobre de palabras porque no se encuentran en el griego. La Biblia no hace distinción entre *poseer*, *obsesionar* y *oprimir*. Es solamente una palabra con una diversidad de significados, y una forma para la palabra *demonio*. Es a través de la transliteración que obtenemos la palabra *endemoniado*.

Utilicemos un CD como una ilustración. El CD funciona con luz láser. La mayor parte del tiempo los CD funcionan simplemente bien; se reproducen perfectamente. Pero cuando una gubia o un rayón daña un CD, la luz láser se detiene cuando encuentra ese sitio dañado. Esta es una metáfora para estar un poco endemoniado. Cuando una persona está "un poco endemoniada" todo en la vida funciona bien, pero hay un punto, una pausa, que desata la reacción, y cuando la luz cae en ese sitio, el problema es revelado.

Por otro lado, usted podría tener un CD maltratado que tenga todo tipo de huellas dactilares, mugre y rayones en él. Cuando trata de reproducirlo, algunas veces funciona, algunas veces no. Se detiene mucho. Esta también es una metáfora para *endemoniado*. La misma palabra es utilizada para ambas situaciones, pero una es más severa que la otra.

Una tercera metáfora es un CD dejado en el asiento trasero de un coche en el sol caliente del verano. Se comba y ya ni siquiera entra en el reproductor de CD. No funciona para nada. Esta es una metáfora para el escenario más severo; en el que la vida de una persona ha sido tan deteriorada por lo demoníaco que no pueden funcionar en una manera saludable. En griego, la misma palabra es utilizada para las tres categorías, pero en español tratamos de usar varias palabras: *poseído, oprimido, obsesionado*. Hemos tratado de cambiar el significado del griego. John Wimber creyó que es mejor usar una palabra, *endemoniado*, con la comprensión de que puede significar desde ligero a severo.

Los cristianos y estar endemoniado

Ahora bien, yo no creo que un cristiano pueda estar totalmente endemoniado. Y no creo que un cristiano pueda estar poseído. La Biblia dice que hemos sido adquiridos por un precio: la preciosa sangre de Jesucristo. Somos *su* posesión, por lo tanto, jamás podemos ser posesión del enemigo, ni podemos ser totalmente poseídos por el enemigo si hemos nacido de nuevo. Dicho lo cual, no creo que un cristiano pueda ser poseído según lo que se suele entender con el término *poseído*.

No obstante, creo que un cristiano puede estar

endemoniado o influenciado por espíritus malignos. Wimber lo dijo de esta manera: él no creía que un demonio podía tener o "ser dueño" de un cristiano, porque el no creía que un demonio pudiera poseer a un cristiano. Si somos nacidos de nuevo le pertenecemos a Cristo, por lo tanto, un demonio no puede poseernos. Sin embargo, aunque un demonio no puede tener a un cristiano un cristiano si puede tener un demonio.

Piense conmigo por un momento. El argumento es que si el Espíritu Santo está en usted, entonces, ¿cómo podría haber un espíritu maligno en usted? Sigamos este argumento a su conclusión lógica.

¿Cuáles son los atributos *omni* de Dios? *Omnipotencia* es uno: ser "todopoderoso". *Omnisciencia* es otro: "sabe todo". Pero, ¿cuál es el otro? Es *omnipresente*, lo cual significa que no hay ninguna parte en el mundo en el que el Espíritu de Dios no esté presente. Dios está presente en todas partes. Por esa definición, una presencia maligna no puede estar en la presencia de Dios, así que lógicamente tendríamos que concluir que el diablo y los demonios no pueden estar en ninguna parte del mundo porque Dios está en todos lados. Y si ellos no pueden existir donde Él está, entonces no pueden existir. Es fácil ver que este tipo de lógica lo puede llevar a uno a descartar el mal. No creo en esa lógica, pero hay quienes sí.

También se ha presentado el argumento de que si estamos llenos del Espíritu Santo entonces no podemos

¿Puede un cristiano estar endemoniado?

tener un demonio en nosotros. Estoy de acuerdo con ello. No creo que la mayoría de los cristianos estén *llenos* del Espíritu Santo, o que permanezcan llenos todo el tiempo. Podemos estar llenos del Espíritu Santo y tener algo que nos suceda que nos lleve a responder de una manera poco bíblica. Cuando hacemos eso, nos emboscamos a nosotros mismos, generando una brecha para la aflicción. Necesitamos desarrollar el hábito de dar una respuesta bíblica a las pruebas de la vida para que el enemigo no puede encontrar ninguna abertura por la que pueda traer aflicción.

No obstante, es importante entender, que no todas las instancias de la opresión demoníaca son resultado de nuestra respuesta poco bíblica a las situaciones de la vida. Muy a menudo la aflicción demoníaca viene a través de pecado generacional. Los pecados de los padres pueden ser pasados a los hijos que todavía no son capaces de entender o desarrollar músculos espirituales para protegerse a sí mismos. Por esta razón, ministrarle liberación a los niños debería ser llevado a cabo solamente con gran precaución y con entendimiento pleno de las dinámicas de la situación.

Muchas personas en Estados Unidos no creen que los niños puedan estar endemoniados. Debemos recordar que las fuerzas del mal no se rigen por las reglas de la Convención de Ginebra, los tratados que abordan el tratamiento de los civiles, los prisioneros de guerra y otros afectados por la guerra en todo el mundo.

No hay civiles en esta guerra por las almas, y las mujeres y los niños son objetivos especiales. He visto a niños pequeños endemoniados. Dos veces en la Biblia vemos niños que estaban endemoniados, ambos casos se encuentran en el Evangelio según Marcos. En Marcos 9:14-29 Jesús sana a un muchacho endemoniado. Cuando le pregunta al padre del muchacho desde cuando su hijo ha sido afligido, le dice que desde que era niño. En Marcos 7:24-30 vemos a Jesús sanando a una niña que está siendo afligida por un demonio.

La liberación y el pacto de Dios

Tanto creyentes como no creyentes por igual pueden ser afligidos por demonios, pero la Biblia nos dice específicamente *para quién* está dedicado el ministerio de liberación. Todos *pueden* ser liberado, pero no todos *deben ser* liberados, y la comprensión de esta distinción es sumamente importante al ministrar liberación.

En Lucas 13:10-17 vemos a Jesús sanando a una mujer que había sido atada por un demonio durante dieciocho años, haciendo que estuviera encorvada todo el tiempo. Jesús llama a esta mujer "hija de Abraham"—lo cual significa: una hija de Dios en una relación de pacto con Dios—y declara que ella "debía" ser liberada de la atadura de Satanás. El hecho de que ella esté en una relación de pacto significa que la liberación está disponible para ella.

La historia acerca de la niña que fue sanada en Marcos 7:24-30 nos da una imagen más clara de quién es elegible para la liberación. Su madre era sirofenicia, que significaba que era gentil, no una judía. Bajo el antiguo pacto los judíos eran las personas elegibles para ser liberadas de espíritus malignos. Bajo en nuevo pacto usted deberá ser un creyente para ser liberado; o convertirse en creyente para no quedar endemoniado de nuevo. Jesús vino primero a la casa de Israel, los judíos. Fue solamente después de su resurrección que los gentiles fueron incluidos en los beneficios de su muerte expiatoria.

Fue en ese punto que los gentiles fueron injertados en Israel y llegaron a ser pueblo del pacto. Antes de la muerte de Jesús, los hijos de Abraham eran el pueblo del pacto de Dios bajo el Antiguo Pacto. La obra consumada de Cristo en la cruz introdujo el nuevo pacto, abriendo la gracia salvífica para el judío y el gentil por igual.

Cuando la mujer sirofenicia le pidió a Jesús que sanara a su hija, su respuesta fue que no está bien tomar el pan de los hijos y echarlo a los perros. Para los judíos del primer siglo *perro* era un eufemismo para gentil. Tan áspero como esta declaración nos suena, Jesús les estaba diciendo que el tiempo todavía no había venido para que su ministerio estuviera disponible para los gentiles. En otras palabras su hija no era elegible para liberación. La mujer escuchó la explicación de Jesús pero no fue persuadida de dejar de insistirle por la sanidad de su hija. Ella le dijo que como "perro" (gentil), estaba tan desesperada por ver a su hija sanada que tomaría las migajas que cayeran de su mesa. Ella estaba diciendo que no esperaba que su posición como gentil cambiara todavía; más bien ella estaba dispuesta a recibir la sanidad futura que podría estar disponible para su hija si Jesús se la diera en ese momento. Ella era una mujer de gran fe y Jesús lo vio. Él sanó a su hija como resultado de su fe.

Cuando Jesús le habló a esta mujer acerca de "el pan de los hijos", estaba usando una metáfora de sí mismo. Jesús es el pan de vida, y los "hijos" son los hijos de Dios, aquellos en una relación de pacto con Él. Lo que Jesús estaba diciendo es que el ministerio de liberación no es para los perdidos; aquellos fuera de una relación de pacto con Dios. Ellos pueden recibir liberación, pero no es para ellos porque no va a permanecer. Cuando habla acerca del pan de los hijos, está hablando acerca de liberación y sanidad. Vemos en los Evangelios, particularmente en los libros de Lucas y Mateo, que la liberación era parte del ministerio de sanidad.

Si alguien no está en una relación de pacto con Dios, entonces sería una tontería liberarlos porque el "espacio" vacío que deja el demonio que es echado fuera podría ser vulnerable al retorno de lo demoníaco. El Espíritu Santo no estaría presente para llenar el espacio no atendido. Cuando los demonios ven un lugar abierto, no atendido, regresan con fuerza y la persona será visitada con una aflicción mayor que la que experimentó antes de ser liberada.[1]

La Iglesia en sus inicios entendió que la liberación es para el cristiano no para el no creyente. Si usted regresa a las liturgias más antiguas del bautismo, al segundo siglo—cuando los bautizos en la iglesia católica todavía eran por inmersión—usted encontrará que los que estaban siendo bautizados eran principalmente adultos.

La oración de liberación no se hacía antes del bautismo sino después de que la persona había salido de las aguas bautismales. Esto se hacía de esta manera porque ellos creían que el bautismo les traía la vida en Cristo y los ponía en la relación correcta con Él. La abrumadora mayoría de adultos que eran bautizados en la Iglesia en esa época provenían del paganismo. Cuando salían de las aguas bautismales, experimentaban su momento de conversión, renunciando a su compromiso con el paganismo. Así que era en ese punto en el que se ministraban oraciones de liberación y eran llenos del Espíritu Santo, no antes.

El razonamiento y la filosofía llevaron a la Iglesia por el camino de rechazar la creencia de que la liberación debía ser para el creyente, pero no para el no creyente. Eso, a su vez, llevó a pensar que si Dios está en usted, entonces tampoco puede tener un demonio en usted.

Volvamos nuestra atención ahora a las señales de estar endemoniado.

Capítulo 6

SEÑALES DE QUE ALGUIEN ESTÁ ENDEMONIADO

A MENUDO ME PREGUNTAN: "¿CÓMO PODEMOS saber que estamos tratando con un demonio?". Creo que el don de discernimiento de espíritus nos habilita para reconocer la diferencia entre las aflicciones físicas y mentales de origen natural o demoníaco.

Durante los últimos años de la década de 1980, planté una nueva iglesia en los suburbios del sur de San Luis, Misuri. Comenzamos con grupos pequeños llamados "kinships" (parentescos) que se reunían en las casas de la gente. En estas reuniones las personas adoraban, daban palabras de conocimiento, profecía, oraban por sanidad y estudiaban la Biblia. Una noche una mujer que llamaré "Mary" vino a uno de nuestros grupos. Mary era católica. La había conocido a través de nuestro trabajo voluntario en un banco de alimentos local llamado Feed My People [Alimenta a mi pueblo].

Mary tenía un problema con un dolor en su hombro y pidió oración de sanidad. Cuando la entrevistamos para determinar la fuente del problema, y de ese modo saber cómo orar más específicamente, nos enteramos de que el dolor podía despertarla varias veces durante la noche, haciendo imposible que descansara bien. No parecía haber una causa natural para el dolor, tales como un accidente o una lesión en el hombro. La artritis no era común en su familia. No había tenido altercados con otras personas que podrían haber provocado que hubiera algún tipo de maldición involucrada. Y no había participado en reuniones de la Nueva Era o espiritualistas que podrían haberla abierto a quedar endemoniada. Sin estar seguros de la causa de su dolor comenzamos a orar declarando sanidad sobre su hombro.

Cuando se declara una maldición sobre alguien, el resultado puede ir desde una aflicción relativamente suave, como el dolor de Mary sobre su hombro, a una aflicción física o mental severa como la que experimentó una mujer a la que le ministré en Brasil. Ella experimentó una deformidad física severa como resultado de una maldición. Su historia se encuentra detallada en el capítulo 8 donde damos una mirada más profunda a las maldiciones.

Espíritus de aflicción

Cuando comenzamos a orar por Mary, no tenía dolor, pero al orar, el dolor comenzó. Esta puede ser una señal de que un problema físico tiene una raíz espiritual; esto es, un espíritu de aflicción. Después de un breve tiempo de oración me detuve para volver a entrevistarla y descubrir lo que estaba pasando. Nos dijo que el dolor se había ido de su hombro izquierdo pero que se había pasado instantáneamente a su cuello. Si un dolor comienza a pasarse de un lado a otro en el cuerpo de alguien cuando se ora por él, es una señal de que está operando un espíritu de aflicción. Sabiendo esto, cambié la manera en que estaba orando y comencé a dirigirme al espíritu de aflicción, ordenándole que se fuera en el nombre de Jesús. Entonces dijo: "El dolor se ha ido de mi cuello y ahora está en mi hombro derecho". Nuevamente dije: "Le ordeno a este espíritu de aflicción que se vaya del hombro de Mary en el nombre de Jesús. ¡Sal fuera!". Mary respondió: "El dolor se fue". Pero unos segundos después añadió: "Ahora está en mi codo".

Seguí ordenándole al espíritu de aflicción que se fuera en el nombre de Jesús. Salió de su codo y se pasó a su muñeca. Cuando le ordené nuevamente al espíritu que se fuera en el nombre de Jesús, pasó de su muñeca a sus dedos. Nuevamente le ordené que se fuera en el nombre de Jesús. Salió de sus dedos y seguramente salió por completo de su cuerpo porque ella anunció que ya no sentía dolor. Cuando la volví a ver unas semanas después me dijo: "No he vuelto a tener dolor ni me he despertado por la noche con dolor desde que usted oró por mí". Después de más de una década ella ha permanecido libre del dolor que era tan devastador para ella.

Señales de que alguien está endemoniado

Usted a menudo quizá escuche el término *espíritu de aflicción* utilizado en el ministerio de liberación. Es solamente otra palabra para *demonio*. Los espíritus de aflicción que nos afectan psicológicamente solamente pueden hacerlo cuando se les ha dado la autoridad a través de una puerta abierta. Pueden impactar la manera en que pensamos y sentimos y pueden torcer nuestras emociones para que nos comportemos en maneras aberrantes y poco santas.

Cuando un espíritu de aflicción ataca el cuerpo en vez del reino del alma, no necesita la autoridad de una puerta abierta. Puede simplemente atacar, como lo hizo el del caso de Mary. En el caso de la mujer de la Biblia que había estado encorvada por causa de un demonio,[1] aparentemente no había una causa raíz que hubiera traído esa atadura. Vemos que Jesús simplemente le ordenó al espíritu de aflicción que la dejara.

Recuerdo el momento en el que experimenté dos de los mayores milagros en mi ministerio. En el mismo momento que sucedieron, a miles de millas de distancia de nuestra casa, mi hijo de un año, Jeremiah, fue víctima de daño colateral por parte de un espíritu de aflicción. Se despertó de un sueño profundo, gritando por el severo dolor en un oído que no tenía antes de irse a la cama. Mi esposa DeAnne se sentó con él y oró por él pero no podía hacer que dejara de gritar a menos que orara en lenguas. DeAnne tuvo que sentarse con él, orando en lenguas hasta las 5:00 a. m. antes de que el ataque desapareciera. Creo que un espíritu de aflicción lo atacó como resultado de los milagros que se estaban llevando a cabo a medida que yo ministraba. Ha sido el único dolor de oídos que ha tenido en toda su vida y ahora tiene 22.

Los espíritus de aflicción tratarán de regresar, y pueden regresar a la persona de la que han sido echados fuera. Necesitamos recordar aconsejarle a la gente a la que hemos ministrado, equipándolos con el conocimiento de que tienen autoridad para mandarle a cualquier espíritu de aflicción que se vaya si trata de regresar. Estos espíritus pueden ser sumamente persistentes, y algunas veces la persona tendrá que ser todavía más persistente para hacer que el espíritu se rinda y se vaya. Si una persona no entiende su autoridad, un espíritu de aflicción la puede convencer de que no ha sido sanada. Cuando esto sucede, la autoridad ha sido rendida y el demonio puede volver junto con la aflicción.

Manifestaciones físicas

Aunque no todas las aflicciones físicas y mentales son demoníacas, ciertas manifestaciones físicas pueden indicar la presencia de un demonio, como el dolor que se manifestó en el cuerpo de Mary. También podría ver somnolencia repentina, contorsiones del rostro, gritos, cuerpo rígido, falta de contacto visual u ojos en blanco e intercambio de voces. Recuerde que los demonios no siempre

Señales de que alguien está endemoniado

se manifiestan y que las manifestaciones físicas como estas no siempre indican la presencia de un demonio. Cada caso necesita ser investigado y evaluado para determinar su causa raíz. El Espíritu Santo siempre está disponible para guiarnos con discernimiento.

Mientras evaluamos las situaciones que vienen delante de nosotros durante el ministerio de liberación, es importante mantener en mente que el diablo busca humillar al pueblo de Dios y que no perderá la oportunidad de hacerlo. Al estudiar los relatos de personas endemoniadas en la Biblia podemos entender mejor las maneras en las que Satanás escoge humillar a la gente. En los Evangelios las personas endemoniadas son descritas como desnudas, marginadas y aisladas, encadenadas, sucias y llevando a cabo comportamientos humillantes y destructivos como tirarse al piso o al fuego, gritar y vociferar, así como exhibir una fuerza sobrehumana que los hace incontrolables y peligrosas.

En la historia del endemoniado geraseno en Marcos 5 vemos claramente algunas de las señales de una persona endemoniada de las que hablaré en un momento. Pero a medida que lea el relato que sigue, creo que es sumamente importante notar que incluso la persona más endemoniada en la Biblia todavía tuvo la libertad de venir a Jesús. El enemigo no pudo mantenerlo alejado del Señor:

Cruzaron el lago hasta llegar a la región de los gerasenos. Tan pronto como desembarcó Jesús, un hombre poseído por un espíritu maligno le salió al encuentro de entre los sepulcros. Este hombre vivía en los sepulcros, y ya nadie podía sujetarlo, ni siquiera con cadenas. Muchas veces lo habían atado con cadenas y grilletes, pero él los destrozaba, y nadie tenía fuerza para dominarlo. Noche y día andaba por los sepulcros y por las colinas, gritando y golpeándose con piedras.

Cuando vio a Jesús desde lejos, corrió y se postró delante de él.

—¿Por qué te entrometes, Jesús, Hijo del Dios Altísimo? —gritó con fuerza—. ¡Te ruego por Dios que no me atormentes! Es que Jesús le había dicho: "¡Sal de este hombre, espíritu maligno!"

—¿Cómo te llamas? —le preguntó Jesús.

—Me llamo Legión —respondió—, porque somos muchos.

Y con insistencia le suplicaba a Jesús que no los expulsara de aquella región. Como en una colina estaba paciendo una manada de muchos cerdos, los demonios le rogaron a Jesús:

—Mándanos a los cerdos; déjanos entrar en ellos.

Así que él les dio permiso. Cuando los espíritus malignos salieron del hombre, entraron en los cerdos, que eran unos dos mil, y la manada se precipitó al lago por el despeñadero y allí se ahogó. Los que cuidaban los cerdos salieron huyendo y dieron la noticia en el pueblo y por los campos, y la gente fue a ver lo que había pasado. Llegaron adonde estaba Jesús, y cuando vieron al que había estado poseído por la legión de demonios, sentado, vestido y en su sano juicio, tuvieron miedo. Los que habían presenciado estos hechos le contaron a la gente lo que había sucedido con el endemoniado y con los cerdos. Entonces la gente comenzó a suplicarle a Jesús que se fuera de la región.

Mientras subía Jesús a la barca, el que había estado endemoniado le rogaba que le permitiera acompañarlo. Jesús no se lo permitió, sino que le dijo:

—Vete a tu casa, a los de tu familia, y diles todo lo que el Señor ha hecho por ti y cómo te ha tenido compasión.

Así que el hombre se fue y se puso a proclamar en Decápolis lo mucho que Jesús había hecho por él. Y toda la gente se quedó asombrada.

—Marcos 5:1-20

Señales de estar endemoniado: Qué buscar

Estas son, entonces, las señales clave que indican que una persona está endemoniada. Recuerde, sus encuentros deben ser evaluados en cada caso; el Espíritu Santo está allí para guiarlo con discernimiento.

1. Aislamiento, particularmente de la familia.
2. Comportamiento fuera de control.
3. Hacer cosas intencionalmente para lastimarse, incluyendo automutilación como cortarse a sí mismo.
4. Humillación. A los demonios les gusta humillar tanto a la persona como a su familia.
5. Enfermedad mental. La enfermedad mental puede ser una señal de opresión demoníaca o de estar endemoniado, pero es importante entender que no todas las enfermedades mentales o la mayoría tienen necesariamente un origen demoníaco.

Aislamiento. Como lo primero en la lista se encuentra el aislamiento y la separación, particularmente de la familia. El hombre que encontró Jesús ya no estaba viviendo en casa. Estaba viviendo entre los sepulcros, en un lugar de muerte. Podemos imaginarnos que su comportamiento se volvió tan dañino y peligroso para su familia que fue obligado a irse. O posiblemente se fue por su propia decisión. No dice, pero el punto es que sin importar la razón, sucedió una separación entre el hombre endemoniado y su familia. Su comportamiento, y la vergüenza y culpa que trajo, provocó una separación. Cuando vemos esto suceder en la vida de alguien, es una señal de que algo maligno está en operación. Es sumamente común ver esto con el alcoholismo, la drogadicción, el temperamento violento que no se puede controlar y la perversión sexual.

Comportamiento fuera de control. Aunque estaba encadenado, el hombre poseía una fuerza sobrenatural que lo capacitaba para liberarse. Estaba físicamente fuera de control en una manera peligrosa. La pequeña señorita que estaba recibiendo consejería de dos de mis profesores de seminario que mencioné anteriormente exhibió ese mismo tipo de fuerza sobrenatural.

También está el tipo de comportamiento fuera de control que lleva a una persona a hacer cosas que no quiere. Hay impulsos motivadores abrumadoramente fuertes, en la forma de tentaciones y compulsiones, que pueden atrapar a la persona. Con frecuencia escuchamos que la persona atrapada en un comportamiento de adicción y compulsivo dice que no quiere llevar a cabo el comportamiento, pero que es impotente para detenerse, al punto de odiarse a sí misma. Ambos tipos de conductas fuera de control pueden ser señales de que la persona esté endemoniada.

Dañarse a sí mismo. La tercera señal de que la persona esté endemoniada es hacerse daño a sí misma; hacer cosas para dañarse a sí misma, incluyendo formas de automutilación como cortarse. La Escritura nos dice que el hombre clamaba y que se cortaba con piedras.

Recuerdo a la primera persona que conocí que se cortaba. Ella era de una familia adinerada de la zona. Su padre era un alto ejecutivo en una gran empresa; una persona influyente con autoridad. Ella vivía en una zona de mucho dinero y viajaba unos treinta minutos en coche para asistir a nuestras reuniones de "kinship" (parentesco). Ella era bipolar y una persona que se cortaba, con una autoimagen bastante pobre. Me dijo que yo no podía ir jamás a su casa.

Un día, no sé por qué, sentí que debía ir a su casa. Llegué y toqué el timbre. Allí estaba ella, y aunque no quería invitarme a pasar, fue lo suficientemente educada para dejarme entrar.

Tan pronto como pasé por la puerta, me di cuenta por qué ella no me quería allí. Normalmente no soy una persona *sensible*, alguien que fácilmente percibe o discierne el ambiente espiritual a su alrededor, pero pude sentir la opresión cuando entré a su casa. Era muy fuerte.

La casa estaba en desorden. Era de día, pero tenía las persianas cerradas. La casa era oscura, y había un aspecto de opresión en todas partes. Las cosas estaban desarregladas. Era una casa muy fina pero bastante desordenada. Había pilas de cosas hasta donde podía llegar la mirada. Vi abundantes libros de brujería y de ocultismo. Descubrí que su madre estaba practicando ocultismo.

Cuando una persona participa en actividades del

ocultismo, no solamente se abren a sí mismos al mal sino también a sus hijos. Es probable que en el caso de esta mujer sus problemas con la bipolaridad y con cortarse estaban enraizados en la oscura espiritualidad que se estaba llevando a cabo en la casa gracias a las actividades de ocultismo de su madre.

Humillación. A lo demoníaco le encanta humillar a la gente y a sus familias. El hecho de que a los demonios les gusta humillar a la persona es la razón por la que Bottari enseña que no debemos permitir que un demonio haga que una persona vomite o que se manifieste de otro modo. Aunque muchas personas operan bajo la suposición de que una persona debe tener una manifestación en medio de la liberación para quedar libre, este no es el caso. Si un demonio comienza a manifestarse, debemos ordenarles que se detengan y luego aconsejarle a la persona que no se rinda a lo demoníaco. A los demonios jamás se les debería permitir llevar la batuta en el ministerio de liberación.

Enfermedad mental. Esta es la quinta señal y la última de nuestra lista. Como he declarado antes, no todas las enfermedades mentales tienen una raíz demoníaca; no obstante, pueden ser una señal de opresión demoníaca, de estar endemoniado o de problemas mentales. Con frecuencia se puede manifestar en una conducta humillante.

La primera persona por la que oré que fue sanada de enfermedad mental fue un hombre de mi iglesia. Había estado casado, pero la enfermedad mental le había costado la esposa y los hijos. Su trastorno le provocaba tener episodios de perder contacto con la realidad. Cada año, aunque estaba tomando medicamento, tenía episodios que lo mandaban al hospital por hasta dos semanas. En una ocasión se desnudó y comenzó a correr por las calles. En otra ocasión se levantó en una reunión y le dijo al evangelista principal que era un falso profeta y dijo muchas cosas horribles. Su comportamiento era terriblemente humillante para él mismo y para su familia.

Estaba comprometido cuando le ministré, pero estaba preocupado de que su enfermedad mental podría destruir su segundo intento de tener una vida familiar. La primera vez que nos reunimos para orar, lo senté, puse mi mano sobre su cabeza, lo bendije y luego oré por él. Creo que oré una media hora por él o más. En cierto punto me dijo que sentía que había algo que estaba sucediendo en su cabeza. Dios sanó a este querido hombre y pudo tener una vida normal. Nunca fue hospitalizado de nuevo. Se volvió a casar, tuvo hijos, se convirtió en un líder en mi iglesia y fue ascendido a subgerente en su trabajo.

Humillación demoníaca

Cuando tenía veintiún años, tomé el pastorado de una pequeña iglesia en una pequeña aldea rural. La denominación era bastante liberal, pero la iglesia en sí era conservadora. Mi primer domingo me di cuenta que la escuela dominical consistía de alrededor de seis mujeres, todas

Señales de que alguien está endemoniado

mayores de sesenta, y a la adoración asistían doce. Esta pequeña aldea era semejante a un barrio bajo, y la presencia de lo demoníaco era notable.

La casa de junto a la casa pastoral era de paredes oscuras sin recubrimiento, con un coche sobre ladrillos en el patio y un motor en el pórtico del frente. La mujer que vivía allí estaba enferma mentalmente. Me enteré de que había corrido a varios pastores de la ciudad. Alguna vez había sido bonita, pero ahora era más bien obesa y ya no era atractiva y usaba lápiz labial llamativo pintado sobre la cara muy arriba de la boca.

De vez en cuando ella llegaba y llamaba a la puerta de la casa pastoral. Como yo no sabía que era ella, yo abría la puerta y allí estaba ella. Se volteaba y me pedía que le subiera la cremallera del vestido. Era una mala situación. Ella había sido una molestia para varios pastores en esa pequeña comunidad.

Al final de la cuadra había una familia en la que las hijas de doce y trece años, trepaban al techo de la casa para evitar que su padre las violara. En la orilla de la ciudad había una casa bonita donde vivía una familia joven que tenía dos o tres hijos en edad escolar. Cuando llegaba el camión en la mañana para recoger a los niños, la madre a veces salía llevando solamente ropa interior.

Toda esta conducta humillante era desconsoladora. El enemigo viene para matar, robar y destruir,[2] y la humillación demoníaca logra todas estas cosas cuando se manifiesta en la vida de una persona y su familia. La humillación tiene gran poder en el plan espiritual, y trae muerte, no vida. La humillación no es de Dios. Cuando vea que suceden cosas humillantes, hay una buena oportunidad de que esté obrando un espíritu demoníaco.

En Marcos 5:15 dice: "Llegaron adonde estaba Jesús, y cuando vieron *al que había estado* poseído por la legión de demonios, sentado, vestido y en su sano juicio, tuvieron miedo" (énfasis añadido). El espíritu de humillación había sido roto; el hombre ahora estaba vestido en su sano juicio.

Cuando se malinterpretan las señales

A lo largo de los años he tenido conversaciones acerca de liberación con el Dr. Pablo Deiros, presidente del Seminario Teológico Bautista de Buenos Aires, Argentina. Lo considero uno de los académicos religiosos más brillantes en del mundo actual.

Desde sus años de participación en el ministerio de liberación en América del Sur y a lo largo del mundo, el Dr. Deiros ha observado que la mayoría de la gente en la iglesia de América del Norte no creen que la iglesia occidental tenga demonios. Tendemos a pensar en los asuntos de la liberación como si pertenecieran a las culturas de América del Sur y África, pero no en nuestra cultura occidental. No obstante, según el Dr. Deiros, Estados Unidos es una de las culturas más endemoniadas que ha encontrado.

Más que reconocer lo demoníaco, nosotros en

Occidente tendemos a asignarle terminología psicológica o médica a las situaciones que en realidad son de los demonios. Con demasiada frecuencia encubrimos lo demoníaco con categorías de enfermedad mental. Nuevamente, no estoy diciendo que *todas* o la mayoría de las enfermedades mentales estén enraizadas en lo demoníaco. Y no estoy diciendo que ninguna persona de América del Norte reconozca lo demoníaco.

Lo que estoy diciendo es que la liberación con frecuencia es mal entendida en la iglesia de América del Norte de hoy o es dejada de lado por completo. Nuestros seminarios necesitan estar equipados para entrenar a los pastores a comprender la liberación, a saber cómo ministrarla y cómo entrenar a otros para ministrarla. Aunque hay muchos ministerios buenos que entrenan en liberación, a menos que este tipo de capacitación se ofrezca en el nivel del seminario, la mayoría de los pastores no lo reciben.

Estar endemoniado y el subconsciente

Muchos comportamientos que encontramos en el ministerio de liberación son inconscientes. Algunas veces nos comportamos en ciertas maneras debido a heridas y lesiones internas, sin darnos cuenta de que estamos siendo impulsados subconscientemente. El enemigo aprovecha nuestro dolor subconsciente y entra, utilizando estas heridas para manipularnos, al mismo tiempo con frecuencia trayendo engaño o acusación que nos lleva a hacer cosas que normalmente no haríamos. Cuando alguien nos dice que se siente impulsado compulsivamente a hacer cosas y que no sabe por qué, sabemos que suele haber una herida con algo demoníaco tomando ocasión sobre ello. Es en ese momento en que la conexión entre sanidad interior y liberación se vincula tan poderosamente.

Yo mismo he experimentado liberación y sanidad interior. Hubo un tiempo en el que yo me criticaba mucho a mí mismo, juzgaba en demasía mis fracasos y tentaciones. Aunque no estaba rindiéndome a la tentación, el hecho de que estuviera siendo tentado me molestaba. Durante el proceso de sanidad interior me enteré de que algunos de los problemas con los que batallé a lo largo de mi vida no solo eran malas decisiones, sino también necesidades profundas en mi subconsciente que estaban enraizados en rechazo. El rechazo me había llevado a comportarme en ciertas maneras; no obstante, no tenía comprensión de la causa raíz de mi comportamiento.

No quiero decir que estoy implicando que yo no era responsable por mi comportamiento; yo era el responsable. Pero llegué a entender que mi voluntad no era tan libre como me hubiera gustado pensar. Estaba atado por necesidades subconscientes de rechazo. Estas eran heridas y lesiones profundas y poderosas que iban desde antes que yo naciera y de las que no tenía comprensión cognitiva. Estas heridas ejercían un impacto poderoso en la manera en que me sentía acerca de mí mismo. Se habían convertido en botones internos que podían ser oprimidos fácilmente cuando me sentía herido o rechazado. Cuando eran oprimidos, reaccionaba en maneras que con frecuencia eran impropias. A medida que progresé en mi sanidad interior y llegué a entender las dinámicas de mi propia herida, pude perdonarme a mí mismo.

Dos visiones mal enfocadas de ser endemoniado

Cuando se trata de enfrentar lo demoníaco debemos tener cuidado de no pensar que (1) todo es demoníaco o que (2) nada es demoníaco. Ambas mentalidades están igualmente mal enfocadas. Debemos ejercitar discernimiento espiritual y comprender lo que la Biblia dice.

Una manera en que podemos tratar de determinar la presencia de los demonios es a través de hacer preguntas de sondeo. Pero siempre debemos recordar que a la persona con la que estamos tratando se le debe dar prioridad. La liberación es un acto de amor. No queremos sacrificar a una persona por colocarla sobre el altar de una agenda de liberación que podría posiblemente herirla o lastimarla. Nuestra prioridad siempre es la sanidad de la persona, llevada a cabo en una atmósfera de honra y amor.

Ciertamente no toda enfermedad física tiene raíces en lo demoníaco. Nuestros cuerpos pueden funcionar mal debido a problemas físicos. Lo mismo es cierto con respecto a la enfermedad mental. No todas las enfermedades mentales tienen una raíz demoníaca. El cerebro es un órgano que puede funcionar mal como cualquier otro órgano del cuerpo. Un cuerpo o un cerebro que funciona mal puede tener su origen en un problema físico—químico o espiritual o ambos.

El maltrato, por ejemplo, puede afectar la función cerebral. Si alguien fue maltratado o sufrió abuso de niño, podría haber desarrollado patrones de disociación. Esto pone al cerebro en modo de supervivencia a través de particionarse para que la persona se pueda disociar con otras partes. Este mecanismo de protección habilita a la persona a sobrevivir de niño, pero si se deja sin resolver puede generar disfunción en la adultez llevando a una personalidad fragmentada. Este es un mecanismo de supervivencia de la mente, no un demonio. Los demonios se pueden adherir a estas partes disociadas de la mente e incluso se pueden disfrazar como una personalidad disociada, pero echar fuera esos demonios no sanará a la persona. Será sanada cuando sus heridas interiores sean sanadas.

Dios es un Dios de amor, gracia y misericordia. Estos atributos de su carácter están disponibles para nosotros porque Él es el Omnisciente. Él lo conoce todo. Primera de Juan 3:19-20 dice: "En esto sabremos que somos de la verdad, y nos sentiremos seguros delante de él: que aunque nuestro corazón nos condene, Dios es más grande que nuestro corazón y lo sabe todo".

Al reconocer, hablando bíblicamente, que un cristiano

puede tener un demonio, y al haber considerado las señales de cómo un creyente podría estar endemoniado, a continuación volvamos nuestra atención a un análisis de la liberación como un proceso de discipulado que incluye la santificación. Creo que la liberación le pertenece a la Iglesia como parte del proceso de santificación. La liberación no es necesariamente un suceso de una sola vez, particularmente si se remueve la palabra *posesión* y se vuelve al significado griego de estar *endemoniado* con su diversidad de significados.

Capítulo 7

LA LIBERACIÓN COMO PARTE DEL PROCESO DE SANTIFICACIÓN

E L DR. VINSON SYNAN[1] ES DECANO DE LA Escuela de Divinidad en la Universidad Regent en Virginia Beach, Virginia, y un historiador del movimiento pentecostal. Pertenece a la denominación Santidad Pentecostal. Santidad Pentecostal a veces es llamada el pentecostalismo de "tres etapas", para diferenciarla del pentecostalismo de "dos etapas". Todos los primeros pentecostales excepto las Asambleas de Dios eran pentecostales de tres etapas. Creían en tres etapas de transformación: uno es nacido de nuevo, es justificado, y luego pasa por una experiencia de santificación en la que uno obtiene poder sobre los pecados que lo estaban acechando. En la segunda etapa uno recibe el poder de no transgredir, o "pecar", como parte de esta experiencia de santificación. Algunos incluso utilizaban la palabra *perfeccionado* para describir esto; pero como lo dijo Juan Wesley, somos "perfeccionados en el amor", no perfectos.[2]

La definición armenia de pecado es "la violación de

La liberación como parte del proceso de santificación

la ley de Dios[3] a propósito y por voluntad propia", y esto también es conocido como *pecado arrogante*.[4] Su doctrina dice que después de que usted tenga una experiencia de santificación usted puede vivir su vida libre de pecado arrogante resueltamente transgrediendo la ley; transgresión premeditada. Los seguidores reformados creían que el pecado también incluía error e ignorancia, y quedarse cortos de la gloria de Dios tal y como fue revelada en Jesús. Esa es una comprensión más profunda del pecado que trata con más que la transgresión.

El Dr. Synan me dijo que, como el historiador principal de Santidad Pentecostal, ha leído muchos testimonios de personas que él cree que experimentaron liberación en el proceso de santificación. Las Asambleas de Dios creen que somos justificados y que la santificación no es un suceso, sino un proceso a través de la vida cristiana. Las dos etapas son la salvación y el bautismo en el Espíritu Santo con la santificación que no es un evento sino un proceso. La gente de Santidad Pentecostal tuvo estas experiencias de liberación incluso antes de ser bautizada en el Espíritu. De su investigación de testimonios de primera mano, el Dr. Synan cree que lo que estaba sucediendo con algunas de estas personas era que estaban siendo liberadas. Estaban experimentando liberación en la etapa que ellos llamaron santificación.

Habiendo dicho esto, creo que el ministerio de liberación va de la mano con la enseñanza de santificación.

En mi opinión, que viene de mi propia experiencia, la liberación es parte del proceso de santificación. La santificación sin liberación es débil y defectuosa. Confrontar el error con la verdad es una parte integral del proceso de sanidad interna que se lleva a cabo a través de la liberación en medio de la santificación.

Con frecuencia la causa raíz de nuestros problemas es una mentira que creemos, que nos ha sido dada por una realidad demoníaca. Cuando creemos una mentira, tiene poder. Cierta liberación sucede a través de encuentros con la verdad y algunos a través de encuentros de poder, porque cuando la verdad de Dios es traída para lidiar con las mentiras del enemigo, las mentiras pierden su poder. Otras veces el problema no se debe a creer una mentira; sino que proviene de no conocer la verdad que es necesaria para caminar en libertad.

Ahora volvamos nuestra atención a un análisis del ámbito de las maldiciones, votos internos, lazos del alma y maldiciones generacionales y cómo se relaciona con el ministerio de liberación.

Capítulo 8

MALDICIONES, VOTOS INTERNOS, LAZOS DEL ALMA Y MALDICIONES GENERACIONALES

En Brasil mi amigo Tom Hauser fue tocado una noche por el poder del Espíritu Santo. Recibió autoridad sobre el plano demoníaco cuando oramos por él. Hauser recibió un poderoso bautismo en el Espíritu Santo que resultó en un potente don de discernimiento de espíritus y autoridad para el ministerio de liberación. En el servicio esa noche había una mujer llamada June cuya pierna derecha estaba completamente girada noventa grados hacia la derecha. Mientras Tom la entrevistaba descubrió que antes de que June naciera, su madre y su padre tenían un vecino cuya hija tenía una pierna completamente girada noventa grados hacia la derecha. El padre de June se había burlado de la hija del vecino y la había ridiculizado, haciendo que el vecino pronunciara una maldición sobre la madre de June cuando estaba embarazada de June. Cuando nació June, tenía la misma deformidad.

El vecino que pronunció la maldición estaba involucrado en hechicería de macumba. Creo que fue esta maldición lo que trajo un espíritu maligno sobre la madre y sobre June cuando todavía no había nacido, causando la deformidad de su pierna. Cuando Tom le ministró liberación, que fue un proceso que le tomó dos noches, los que estábamos en el equipo vimos como el pie y la pierna giró, 90% la primera noche y 10% más la segunda noche. Todos los huesos se movieron; todo cambió de lugar. Cuando se trató con el espíritu demoníaco, se rompió la maldición y June fue sanada.

El ministerio de liberación con frecuencia tiene que ver con romper los votos internos, maldiciones, lazos del alma y maldiciones generacionales. Las palabras que hablamos y las palabras pronunciadas sobre nosotros tienen más poder de lo que nos damos cuenta.

Maldiciones

Una maldición es la expresión de un deseo de que venga daño sobre alguien. Muchos de nosotros no estamos al tanto de que la crítica o la condenación declarada a otro o sobre él puede de hecho maldecir a esa persona. Cuando hablamos en contra de alguien, abrimos una puerta para que lo demoníaco ejerza su derecho legal para adherirse a la vida de esa persona. Algo dicho en enojo o frustración puede poner en movimiento fuerzas en lo sobrenatural que tengan el potencial de hacer gran daño. La mayoría

Maldiciones, votos internos, lazos del alma...

de las personas no están al tanto de esta dinámica hasta que vienen bajo la enseñanza que lo trae a la luz. Esta es una categoría de maldiciones.

La otra categoría importante es una maldición declarada a propósito por alguien que está operando en ocultismo con la intención de hacer daño. Derek Prince ha escrito un libro excelente sobre el tema, titulado *Bendición o maldición*, que le recomiendo que lea. Presenta un análisis mucho más profundo del tema.[1]

En 1996 yo estaba ministrando en Argentina y tuve el privilegio de trabajar con el pastor Víctor Lorenzo. Contó la historia de cuando le ministró liberación a una mujer que había hecho un pacto de sangre para destruir a la iglesia. El padre de Víctor estaba predicando cuando esta mujer comenzó a tener una manifestación violenta, volando por el aire, rompiendo sillas y provocando una conmoción. El padre de Víctor jamás había encontrado algo como esto antes y fue tomado por sorpresa por las manifestaciones.

Al equipo de ministración le tomó varios días de trabajo con esta mujer antes de que pudieran descubrir la causa raíz de porque estaba endemoniada. Ella confesó que había hecho siete pactos de sangre, el primero de los cuales fue cuando tenía dos años de edad. El séptimo pacto de sangre que había hecho ella era para destruir a la iglesia.

Víctor explicó que hay diferentes tipos de pactos de

sangre. Algunos se hacen con la sangre de la misma persona, otros con la sangre de animales sacrificados y otros más con la sangre de humanos sacrificados, particularmente bebés. Esta mujer había hecho pactos de sangre con sangre de animales.

Ella estaba infestada con seis demonios diferentes. Uno al parecer era el líder y se llamó a sí mismo Príncipe. Cuando el equipo de ministración trabajó con ella, los demonios hablaban con todo tipo de voces diferentes e idiomas, algunas veces en alemán, otras en hebreo y otras más en inglés. Esta mujer no conocía ninguno de estos idiomas. Un demonio en particular clamaba: "Joulen, Joulen, Joulen", como si estuviera tratando de establecer comunicación con otro demonio. Después de investigar, el equipo de ministración descubrió que había una asociación de brujas al sur de Buenos Aires que se llamaban a sí mismas Joulens. Supusieron que este demonio en particular podría estar dando voces al espíritu que estaba gobernando toda la región.

Esta mujer renunció a todos los pactos de sangre. Después de haber sido liberada, la iglesia le ministró sanidad interior durante varios meses para ayudarla a reintegrarse a un estilo de vida sano.

SIETE SEÑALES DE UNA MALDICIÓN

En el ministerio de liberación usted encontrará maldiciones intencionales y no intencionales. El impacto de

Maldiciones, votos internos, lazos del alma...

estas puede ir desde moderado a severo. Muchas personas no saben cómo reconocer que han sido maldecidos o cómo combatir estos dardos de fuego del enemigo. Derek Prince menciona una lista de siete indicaciones de una maldición:

1. Colapso mental o emocional.
2. Enfermedad repetitiva o crónica (especialmente si es hereditaria).
3. Esterilidad, tendencia a abortos espontáneos o problemas femeninos relacionados.
4. Descomposición del matrimonio y disociación familiar.
5. Insuficiencia financiera continua.
6. Ser propenso a los accidentes.
7. Una historia de suicidio y de muertes no naturales y prematuras.[2]

Derek subrayó: "Cuando comparé mi lista con la de Moisés en Deuteronomio 28, quedé impresionado por la correspondencia cercana entre ellas".[3]

Cuando se encuentre ministrando a alguien que haya sido liberado de una maldición, le recomiendo usar esta respuesta de fe escrita por Derek:

Señor, deseo ser liberado de cualquier maldición sobre mi vida. Voy a hacer lo que sea necesario para ser liberado de ellas y caminar en la libertad que adquiriste para mí.[4]

Votos internos

Los votos internos son los que hacemos contra nosotros mismos. La mayoría no se hacen con la intención de dañarnos a nosotros mismos. Un voto interno puede ser el resultado de una herida. Con el fin de protegernos, decidimos jamás volver a permitir que nos suceda eso al hacer un voto que de hecho nos daña en lugar de protegernos. Uno de los ejemplos más comunes que todos nosotros probablemente hayamos visto en alguna ocasión u otra es la persona que es herida en una relación y que se hace el voto de nunca volver a tener intimidad con alguien. Pueden terminar amargados y solitarios, poniendo por obra las palabras que pronunciaron. O está la persona que hace algo pobremente y que se hace el voto de jamás volverlo a intentar; convirtiéndose en un fracaso.

Estos tipos de votos internos pueden llevar a una vida de desolación, pero hay otros tipos que pueden hacer mucho más daño, como una persona que se hace el voto de querer morirse como resultado de dolor en su vida.

Cuando guiamos a alguien a través del proceso de renunciar a una participación previa o actual en cualquier práctica de ocultismo o secta están rompiendo votos internos y pactos con el diablo. Para estas personas involucradas en ocultismo, esta renuncia es un requisito previo a la declaración de que Jesús es Señor de todo. Examinaremos las prácticas ocultas a un poco de mayor profundidad en otro capítulo.

Si usted encuentra una situación en la que alguien necesita renunciar a la participación en lo oculto, le recomiendo usar esta oración:

> *En el nombre de Jesús renuncio a cualquier participación en* [mencione la práctica oculta o la secta]. *Renuncio a* [mencione todas las prácticas en las que participó]. *Le pido a Dios que me perdone por adorar otros dioses. Declaro que Jesús es el camino, la verdad y la vida, nadie viene al Padre sino a través de Él. Jesús es Señor de todo. Adoraré a Dios y solamente a Él.*

Lazos del alma

Los lazos del alma son otra forma de atadura del diablo. Los lazos del ama surgen cuando enlazamos nuestra carne con la carne de otro en relaciones sexuales impías. Como la intención del Señor es la restauración del alma, debe haber una manera de traer restauración al alma que ha sido fragmentada en relaciones del alma impuras. Con base en la intención de Dios para la restauración del alma y el dilema de la fragmentación del alma debido a uniones sexuales impuras, podemos deducir que Dios concede permiso y autoridad de hacer una declaración para llevar nuestras almas a una alineación santa. Con base en esta premisa, podemos pedirle confiadamente a Dios que restaure nuestras almas por completo, restaurando lo que se perdió o que se entregó que nos pertenece legítimamente, y echando fuera lo que no debemos conservar.

Esta es la oración que usan nuestros equipos de ministración para romper los lazos del alma:

> *Con la autoridad de Jesús pido que la sangre de Jesús esté entre mí y [mencione a las personas] y separe la unión de "una sola carne". Les envío de vuelta a él/ella todo lo que le haya quitado a él/ella cuando me hice "una sola carne" con él/ella. Y llamo de vuelta todo aquello que di en esta unión de "una sola carne". Declaro que la sangre de Jesús es un muro de separación entre nosotros. Gracias, Jesús, por restaurar mi alma.*

MALDICIONES GENERACIONALES

Las maldiciones generacionales pueden descender en nosotros sin que medie falta propia y causar estragos hasta que sean rotas. Un familiar en alguna parte del árbol genealógico que estaba involucrado en el ocultismo, una maldición pronunciada sobre nuestra familia o una actividad pecaminosa por parte de alguien en el árbol genealógico son maneras en que las maldiciones generacionales pueden arraigarse en nuestra vida. Estas maldiciones son puertas abiertas a lo demoníaco. Esta es la oración que usamos para romper maldiciones generacionales:

> *En el nombre de Jesús declaro que la sangre de Jesús está entre mí y la generación de* [nombre] *como muro de separación. Cancelo toda asignación de tinieblas y remuevo todo derecho de lo demoníaco a afligirme a causa del pecado de esa generación. Llamo que venga mi herencia justa y las bendiciones de esa generación.*

Algunas veces una maldición comienza en un linaje familiar como una situación de causa y efecto que establece una predisposición de actuar y reaccionar en una cierta manera que no está alineada con la voluntad de Dios. Esta reacción equivocada es pasada de una generación a otra y se vuelve como una maldición a la que se debe renunciar y ser rota para que la persona sea hecha libre. Creo que en la cruz se resolvieron todas las cosas demoníacas, incluyendo las maldiciones generacionales, pero debemos apropiarnos de los beneficios de la obra consumada de Cristo para nosotros mismos con el fin de recibir su beneficio.

El cautiverio y el poder de la sugestión

Cuando creemos algo, le damos poder. Esto lo vemos con más frecuencia en las culturas que practican vudú. Un chamán o médico brujo pronuncia algo sobre una persona, y como esa persona lo cree, lo que fue declarado se hace realidad, aunque no haya explicación para ello. Aunque en un caso así el poder sobrenatural del mal puede estar en operación, algunas veces es simplemente el poder de la sugestión que está obrando; preparándose hasta tal grado en una persona que produce que su cuerpo responda negativamente.

Este poder de la sugestión también sucede en nuestra propia cultura. Todos hemos escuchado acerca del efecto placebo; cuando a alguien se le da lo que él cree que es medicina, cuando de hecho no es nada más que una píldora de azúcar, y experimenta una reacción positiva. Lo opuesto al efecto placebo es llamado el efecto nocebo. Si una persona cree en algo negativo, su creencia de hecho puede causarle daño. Un médico puede darle por equivocación a una persona perfectamente saludable un diagnóstico incorrecto y de hecho comienza a sufrir ese diagnóstico equivocado. Recuerdo haber leído sobre un ejemplo en el que una persona de hecho murió cuando se le dio un diagnóstico de cáncer terminal cuando en realidad estaba perfectamente saludable.

Necesitamos entender que es nuestro derecho de

nacimiento ser libres del cautiverio de la maldición de las palabras.[5] Las bendiciones de Dios son más que suficientes para vencer las palabras habladas, para romper todo pacto o voto realizado, romper cualquier lazo del alma en el que se haya incurrido y cortar cualquier pecado generacional que nos haya sido pasado. Hemos sido redimidos de cada cosa maligna por la sangre derramada de Jesús en la cruz. El sacrificio de su muerte nos da los medios y el derecho de vivir libres del poder del enemigo.

Volvamos ahora nuestra atención a un análisis de Satanás y sus demonios.

Capítulo 9
SATANÁS Y LOS DEMONIOS

PARA COMPRENDER MÁS PLENAMENTE NUESTRA autoridad en el ministerio de liberación es importante que entendamos a nuestro adversario para que podamos apropiarnos de las estrategias de Dios en medio de la batalla.

Satanás y sus secuaces son seres reales, malévolos. Dios nos revela la identidad de Satanás claramente en las Escrituras. En el Antiguo Testamento Dios le da al profeta Isaías una visión de Satanás y una revelación de su naturaleza.[1] En el Nuevo Testamento Jesús confirma la visión de Isaías en el Evangelio de Lucas.[2] Y luego Dios le revela y confirma la identidad de Satanás al apóstol Juan en el libro de Apocalipsis.[3] Tanto Jesús en Lucas como Juan en el Apocalipsis hacen referencia a los demonios que fueron echados fuera del cielo con el diablo.

LO QUE NOS DICE LA BIBLIA

En Lucas Jesús les recuerda a los apóstoles que su autoridad para sujetar a los espíritus inmundos proviene de

Satanás y los demonios

Él. Luego continúa diciéndoles que la obra del Reino, aunque es importante, no le resta importancia a su salvación. ¡Deben regocijarse de que sus nombres están escritos en el cielo! No somos nada fuera de nuestra ciudadanía en el cielo. Es desde esta posición, sentados con Jesús en lugares celestiales,[4] que fluye todo el ministerio. Cuando ministramos liberación amorosamente, con el corazón de Cristo, la "irrupción" de su Reino viene a la tierra.

En Apocalipsis se nos da una imagen poderosa de cómo Satanás y sus ángeles caídos fueron expulsados del cielo una vez y lo volverán a ser, al final del siglo, de una vez y para siempre. "Así fue expulsado el gran dragón, aquella serpiente antigua que se llama Diablo y Satanás, y que engaña al mundo entero. Junto con sus ángeles, fue arrojado a la tierra" (Apocalipsis 12:9; vea también Apocalipsis 20:10). La intensa hostilidad de Satanás hacia el pueblo de Dios es clara, pero también lo es la autoridad de Dios y su victoria sobre el acusador.

La posición histórica de la Iglesia con respecto a los demonios es que son ángeles caídos. Son identificados como tales en Apocalipsis 12:4 y 9. El versículo cuatro dice que un tercio de los ángeles en el cielo fueron echados a la tierra. Como sabemos que hay una gran cantidad de ángeles en el cielo—"el número de ellos era millares de millares y millones de millones"—[5] podemos deducir que un tercio podría significar que hay muchos ángeles caídos a la disposición de Satanás. El otro lado de esta imagen es que hay muchos más ángeles en el cielo que están disponibles para ayudarnos. El enemigo se encuentra en desventaja numérica de dos a uno y de poder, y necesitamos entender esto. ¡Esta es parte de nuestra identidad en Cristo, quien es nuestra esperanza de gloria![6] Nuestra comprensión de esta identidad es esencial para equiparnos para el ministerio.

Jerarquía y organización

En el libro de Daniel encontramos referencias tanto de los ángeles de Dios que nos asisten para combatir a Satanás como de la jerarquía del plano demoníaco. En el capítulo 10, Daniel registra la visión que tuvo de "un hombre" que le fue enviado desde el cielo en respuesta a las oraciones del mismo Daniel. En medio de la visión el hombre le habló a Daniel acerca de las oraciones y las peticiones que había hecho a favor de los judíos que estaban luchando para reconstruir el templo. Le explicó por qué se había retrasado en responder las oraciones de Daniel: "Durante veintiún días el príncipe de Persia se me opuso, así que acudió en mi ayuda Miguel, uno de los príncipes de primer rango. Y me quedé allí, con los reyes de Persia" (Daniel 10:13). Los eruditos bíblicos creen que el príncipe de Persia era un demonio que estaba ejerciendo su influencia sobre el reino persa. Le tomó veintiún días vencerlo, lo cual indica que no era un demonio ordinario, sino uno con gran poder. Claramente hay una jerarquía en el reino de Satanás.

Hay varios pasajes en los que el apóstol Pablo menciona

lo que parece ser una jerarquía dentro del plano de los seres oscuros y malignos. Parece ser que los demonios son los de rango menor entre las filas. En Colosenses 1:16 Pablo menciona el orden de gobierno de los seres celestiales de donde los seres malignos cayeron con Satanás: "Porque por medio de él fueron creadas todas las cosas en el cielo y en la tierra, visibles e invisibles, sean tronos, poderes, principados o autoridades: todo ha sido creado por medio de él y para él". Entonces en Colosenses 2:15 Pablo se refiere a la derrota de estos seres por Cristo en la cruz: "Desarmó a los poderes y a las potestades, y por medio de Cristo los humilló en público al exhibirlos en su desfile triunfal".

En Efesios Pablo describe más las divisiones y califica a estos seres malignos: "Porque nuestra lucha no es contra seres humanos, sino contra poderes, contra autoridades, contra potestades que dominan este mundo de tinieblas, contra fuerzas espirituales malignas en las regiones celestiales" (Efesios 6:12). Dios no establece estos tronos, poderes, potestades y autoridades de maldad, por que Dios no es el autor del mal.

Con frecuencia en el ministerio de liberación encontramos múltiples demonios operando en la vida de una persona más que solamente un demonio. Esto indica que los demonios están organizados. Hemos encontrado que cuando hay un grupo, suele haber un líder, lo cual significa que operan bajo autoridad. Esto también indica jerarquía.

Estos espíritus vivientes sin cuerpo hablan, algunas veces gritándonos o gruñéndonos. También chillan, lloran y expresan temor ("¡No me lastimes!") al ser confrontados con la presencia de Jesús en nosotros. Hacen todo esto para humillar e intimidar.

Una de nuestras metas en el ministerio de liberación es robarle a los demonios toda oportunidad de humillar. Si comienzan a hablar, les ordenamos que se callen. Si empiezan a causar manifestaciones físicas extrañas en la persona, les ordenamos que se detengan de inmediato en el nombre de Jesús. Si persisten, somos más persistentes. Jamás queremos permitir que lo demoníaco esté en control durante la liberación. En la jerarquía del ministerio de liberación Jesús siempre es la autoridad suprema. Es el Rey sin rival que gobierna y reina sobre todos.

Formas

Lo demoníaco puede tomar muchas formas diferentes. Una vez estaba ministrando con un equipo, orando por una mujer que estaba en dolor a causa de un espíritu de aflicción. A medida que le ordenamos al espíritu que la dejara en el nombre de Jesús, vimos con nuestros ojos físicos (no nuestros ojos espirituales) una bola verde como del tamaño de una hogaza de pan salir de su brazo, bajar por su cuerpo al piso y luego avanzar por el suelo y salir del edificio. En otra ocasión vimos a una mujer serpenteando como una víbora por el suelo, contorsionando su cuerpo en maneras que son imposibles en lo natural. La gente con frecuencia comienza a sisear o a escupir cuando los demonios se manifiestan.

EL PECADO: UNA PUERTA ABIERTA

Nuestro adversario el diablo quiere destruirnos, causarnos que nos autodestruyamos. Él y sus demonios buscan un "derecho" legal para adherirse a nosotros, y cuando pecamos les otorgamos esta oportunidad. El pecado es el camino de entrada para lo demoníaco. El pecado sin resolver lleva a la esclavitud al diablo. Un punto de esclavitud es lo que llamamos fortaleza. Si le damos terreno al reino de las tinieblas a través del pecado, aunque le hayamos dado nuestra vida a Jesús, los demonios van a pensar que tienen el derecho legal de pegársenos a través del pecado. Estas adherencias pueden venir por nuestra propia decisión, o por descuido o engaño. La Biblia claramente nos advierte que no demos cabida al diablo.[7]

Mi amigo argentino, el pastor Víctor Lorenzo, me contó la historia de cómo sin saber le dio cabida al diablo y el impacto que tuvo en su familia y en su ministerio. Cuando su hijo Gonzalo tenía un año, comenzó a experimentar lo que con frecuencia llamamos "terrores nocturnos". Gonzalo se despertaba en la noche, alrededor de media noche, gritando y dando voces y nada lo podía calmar. Esto podía seguir hasta como las 4:00 a. m. Víctor y su esposa comenzaron a ayunar y a orar, pero los terrores nocturnos continuaron. Entonces le pidieron a la iglesia que ayunara y orara, pero sin resultados.

Finalmente Víctor fue delante del Señor y le pidió a Dios que le hablara. Para su sorpresa Dios le dijo a Víctor que él era culpable de resistir su llamado sobre su vida. En ese momento Víctor estaba luchando con lo que se suponía que tenía que hacer con su vida. Su resistencia le había dado cabida al enemigo.

Arrepentido, Víctor le pidió al Señor que le revelara la fuente de los terrores nocturnos de su hijo. A la noche siguiente cuando los terrores comenzaron, Víctor entró a la habitación de su hijo y al hacerlo sintió una profunda oscuridad. Vino sobre él un temor tan fuerte que le quitó el aliento. Al ver hacia la cuna de su hijo, vio un demonio de pie cerca de la cuna; tenía el espíritu de muerte sobre él. Estaba acercándose a su hijo. Su hijo estaba de pie en su cuna señalando al demonio y gritando.

Cuando Víctor comenzó a reprender al demonio en el nombre de Jesús, algo como un relámpago tronó a la mitad de la habitación. Sintió que iba volando por el aire, y cuando recobró el sentido estaba boca abajo en el piso y no se podía levantar. Una presencia asombrosa vino sobre la habitación. Después de lo que pareció como una hora, Víctor pudo levantarse.

Fue a la cuna de su hijo y encontró al niño durmiendo en paz. De pie cerca de la cuna estaba un ángel grande. El ángel le habló a Víctor y le dijo: "Voy a estar aquí para proteger a tus hijos y a tu familia". Cuando Gonzalo creció un poco más le contó a su padre cómo hablaba y oraba con el ángel y cómo algunas veces subían y bajaban las escaleras al cielo.

Conquistado en la cruz

Mientras que los demonios podrían verse a sí mismos con derecho legal, debemos verlos como precaristas quienes no tienen derecho en la vida del creyente. Deben ser expulsados a través de la obra consumada de la Cruz. El diablo no juega limpio. Es un tramposo, un mentiroso, un ladrón y un asesino, y si él piensa que tiene un derecho lo va a reclamar. Es un legalista buscando un resquicio legal, y va a apoderarse de lo que pueda.

Debemos reforzar lo que Jesús compró y por lo que pagó en la cruz. La sangre derramada de la Cruz destruyó las obras del diablo y removió la maldición de la ley. Los demonios son unos intrusos. Debemos hacerles entrega de una notificación de desalojo y removerlos de inmediato de las instalaciones. Esto se encuentra dentro de nuestra jurisdicción como creyentes. Tanto Satanás como sus demonios son limitados, pero Dios no tiene límites. Dios es omnipresente, omnisciente y omnipotente. Satanás no.

En el Discurso del Monte de los Olivos de Mateo 24 y 25 Jesús enseña que en el fin del mundo Él vendrá de nuevo en gloria a reunir a todas las naciones a Él. El pondrá a su derecha a los que van a tomar su herencia—"el reino preparado para ustedes desde la creación del mundo"[8]—y los de su izquierda serán consignados al fuego—"Apártense de mí, malditos, al fuego eterno preparado para el diablo y sus ángeles"[9]—. Dios le da la misma revelación al apóstol Juan a gran detalle en Apocalipsis 20:7-15, describiendo el fin de Satanás en el versículo 10: "El diablo, que los había engañado, será arrojado al lago de fuego y azufre, donde también habrán sido arrojados la bestia y el falso profeta. Allí serán atormentados día y noche por los siglos de los siglos".

El poder de Dios no tiene límites. El poder de Satanás es limitado. El Reino de Dios jamás tendrá fin, pero del de Satanás sí. Su condena final está claramente en las manos de Dios.

Capítulo 10

EL OCULTISMO Y QUE ALGUIEN ESTÉ ENDEMONIADO

L OCULTISMO EN TODAS SUS FORMAS DIFERENTES es algo con lo que tenemos que lidiar con frecuencia en el ministerio de liberación. La palabra para *oculto* en el griego significa "escondido, secreto".[1] Estaba asociado con la práctica de magia, alquimia, astrología, adivinación y nigromancia entre otras.

La transliteración de la palabra para *oculto* en hebreo viene de ocho palabras hebreas originales que todas forman parte del ocultismo. Tienen que ver con hacer contacto con espíritus que no son de Dios, hacer contacto con los muertos (nigromancia), predecir el futuro echando suertes, predecir el futuro por señales interpretadas de la naturaleza, encantamientos (como los encantadores de serpientes), pronunciar hechizos a través de hacer nudos "mágicos", hechicería maligna y pronunciar conjuros y maldiciones sobre la gente.

La Biblia tiene mucho que decir acerca de las prácticas ocultas, tanto en el Antiguo Testamento como en el

Nuevo Testamento.[2] En Deuteronomio Dios le advierte a los israelitas acerca de las prácticas ocultas:

> Cuando entres en la tierra que te da el Señor tu Dios, no imites las costumbres abominables de esas naciones. Nadie entre los tuyos deberá sacrificar a su hijo o hija en el fuego; ni practicar adivinación, brujería o hechicería; ni hacer conjuros, servir de médium espiritista o consultar a los muertos. Cualquiera que practique estas costumbres se hará abominable al Señor, y por causa de ellas el Señor tu Dios expulsará de tu presencia a esas naciones.
> —Deuteronomio 18:9-12

Algunos historiadores suponen que "sacrificar a su hijo o hija en el fuego" muy probablemente era un ritual de mayoría de edad que tenía que ver con que un muchacho corriera entre dos fuegos.[3] Mientras, otros historiadores opinan que hay evidencia de que se practicaba el sacrificio de niños al ídolo Moloc y se referían a eso como "sacrificar en el fuego".[4]

En Hechos 19:11–20 encontramos la historia de un avivamiento que surgió en Éfeso después de una demostración del poder de Dios para sanar. Pablo estaba en la región con sus discípulos cuando: "Dios hacía milagros extraordinarios [...] a tal grado que a los enfermos les llevaban pañuelos y delantales que habían tocado el cuerpo de Pablo, y quedaban sanos de sus enfermedades, y los espíritus malignos salían de ellos" (Hechos 19:11-12). Había algunos judíos en la zona, los hijos de Esceva, uno de los jefes de los sacerdotes judíos, que trataron de expulsar espíritus malignos mediante invocar el nombre de Jesús sobre el que estaba endemoniado (Hechos 19:13-14). Pero los espíritus malignos, al reconocer que estos hombres no eran seguidores de Jesús los dominaron, los maltrataron y los hicieron huir desnudos y heridos (Hechos 19:15-16).

Cuando se enteraron de esto en Éfeso "el temor se apoderó de todos ellos, y el nombre del Señor Jesús era glorificado. Muchos de los que habían creído llegaban ahora y confesaban públicamente sus prácticas malvadas. Un buen número de los que practicaban la hechicería juntaron sus libros en un montón y los quemaron delante de todos" (Hechos 19:17-19). La Escritura continúa diciendo que el precio de esos libros equivalía a cincuenta mil monedas de plata (una moneda de plata equivalía al salario de un día). Es probable que este alto precio no era debido al valor de los libros, sino a su supuesto poder oculto.[5]

En 1 Timoteo Pablo aborda los problemas de la influencia demoníaca con su hijo espiritual Timoteo: "Pero el Espíritu dice claramente que en los postreros tiempos algunos apostatarán de la fe, escuchando a espíritus engañadores y a doctrinas de demonios" (1 Timoteo 4:1, RVR1960). Estamos viendo esto a lo largo del mundo hoy.

Nuevamente en Efesios Pablo le aconseja a la Iglesia

cómo deben resistir al diablo: "Pónganse toda la armadura de Dios para que puedan hacer frente a las artimañas del diablo. Porque nuestra lucha no es contra seres humanos, sino contra poderes, contra autoridades, contra potestades que dominan este mundo de tinieblas, contra fuerzas espirituales malignas en las regiones celestiales" (Efesios 6:11-12).

LAS FORMAS ACTUALES DEL OCULTISMO

Las prácticas del ocultismo han hecho incursiones significativas en el tejido de la vida de Occidente, y muchos cristianos no están al tanto de que esto está sucediendo. Siempre que alguien ya sea a sabiendas o por ignorancia participa en prácticas basadas en ocultismo ha abierto una puerta, dándole a lo demoníaco entrada legal. Quiero examinar brevemente algunas de las formas que toma el ocultismo hoy en el siglo veintiuno.

Medicina. Las incursiones más destacadas del ocultismo en la cultura occidental han sido hechas en el campo de la medicina. Formas aberrantes de sanidad con raíces ocultas, con frecuencia etiquetadas como "medicina alternativa", han ganado terreno significativo en la práctica de la medicina alopática desde el siglo veinte. Esto ha permitido que el campo de la medicina en particular se convierta en una puerta abierta para que venga el diablo a la sociedad occidental, con la profesión de la enfermería, específicamente, siendo usada como el camino de entrada.

"Cálculos conservadores estiman que alrededor de 100,000 enfermeras han sido entrenadas para realizar la técnica llamada Toque Terapéutico",[6] que se ha abierto paso al currículo de estudios de más de ochenta universidades y escuelas.[7] Las investigaciones sobre el Toque Terapéutico están fondeadas por entidades del gobierno de EE. UU. como los Institutos Nacionales de Salud y el Departamento de Salud y Servicios Humanos de EE. UU.[8] No estamos hablando de algunos profesionales de la salud dispersos con poca credibilidad, sino de un esfuerzo bien organizado para integrar esa práctica a la medicina de Occidente.

Energía de Sanidad. El Toque Terapéutico y el Reiki, ambas tienen raíces en el hinduismo y el budismo. La terapia Reiki obtiene un poco de apoyo de los descubrimientos de la ciencia natural, y no tiene base de apoyo en el cristianismo.[9] Enraizado en el budismo tibetano, los que practican el Reiki dicen canalizar la energía de la vida universal al cuerpo. Con una mente propia, esta energía "sabe" hacia donde ir para llegar a los lugares del cuerpo que necesitan sanidad. El Toque Terapéutico tiene sus raíces en el espiritismo, la visión del mundo oculto, y especialmente en la teosofía; esta es una filosofía religiosa anticristiana que se desarrolló en Nueva York por Madame Helene Blavatsky. El Toque Terapeútico dice tener la habilidad de detectar y manipular los campos de energía de la persona, con lo cual promueve la autosanidad. Mi libro *Healing Energy: Whose Is It?*[10] [Energía sanadora: ¿De dónde proviene?] provee información a profundidad acerca de las modalidades de energía de sanidad de la Nueva Era y sus fuentes de energía.

La palabra reiki puede ser traducida libremente del japonés para significar "la energía de la fuerza de vida de dios". Es importante recordar que ni el budismo ni el hinduismo creen en el Dios del cristianismo. El budismo es no teísta, lo que significa que no cree en ningún tipo de dios, sino más bien le enseña a sus seguidores a buscar la verdad mediante la iluminación y la unión con la naturaleza. Algunas de estas prácticas de sanidad oculta con frecuencia se disfrazan de sanidad cristiana y están engañando a creyentes y no creyentes por igual. Es probable que encuentre este engaño al ministrar liberación.

Nueva Era. La iglesia católica ofrece un panorama general bien sustentado del "complejo fenómeno de la 'New Age' [...] que está influenciando muchos aspectos de la cultura contemporánea" en un estudio del Consejo Pontificio de la Cultura y el Consejo Pontificio para el Diálogo Interreligioso titulado: Jesucristo, portador del agua de la vida: Una reflexión cristiana sobre "New Age".[11] Declara, en una parte: "En tanto que la salud incluye una prolongación de la vida, la New Age ofrece una fórmula oriental en términos occidentales";[12] dándonos prácticas como la acupuntura, el "biofeedback", la reflexología, la meditación y las terapias de reencarnación por nombrar algunas, todas las cuales promueven el concepto de que nuestra fuente de sanidad no es Dios sino una energía interna o cósmica.

Hambrientas por respuestas en un mundo cada vez más complejo y desafiante, las personas con entusiasmo se acercan a estas prácticas alternativas y en el proceso pueden recibir más de lo que pensaban. Cuando la energía panteísta de las prácticas de la Nueva Era es canalizada al cuerpo de una persona, trae consigo espíritus del ocultismo.

Medicina alopática. La medicina alopática moderna ha fallado en tratar a la persona completa: cuerpo, alma y espíritu, enfocándose más bien solamente en lo físico. Esta falla ha dejado a muchos que están en necesidad de sanidad hambrientos por más. Cuando añadimos la falla de la medicina moderna para abordar adecuadamente a toda la persona y la falla de la Iglesia para abrazar plenamente el ministerio de la sanidad, incluyendo la liberación, nos queda un vacío que ha sido llenado con las terapias de la Nueva Era.

Conozco a una mujer cuya hermana quedó endemoniada en un breve encuentro con el Reiki. Siendo maestra de primaria, su hermana le mencionó por casualidad a la madre de uno de sus alumnos que estaba batallando con dolores de cabeza de migraña. La madre se ofreció a "imponerle manos" utilizando su Reiki para ayudarla con la migraña. Al no tener idea de lo que era el Reiki, se sintió un poco incómoda con la sugerencia, pero no se negó cuando le impusieron manos.

Pronto después de ello sus migrañas se intensificaron, y se puso bastante enferma. Durante la oración de una amiga cristiana se le comenzó a manifestar un demonio con un poco de violencia. Se le pusieron los ojos en blanco, comenzó a murmurar lo que parecía ser un idioma asiático y comenzó a abofetear a la mujer que estaba orando por ella. Al darse cuenta de que estaba tratando con lo demoníaco, su amiga comenzó a ministrarle liberación. Cuando todo terminó esta joven mujer fue liberada de varios demonios; los cuales se identificaron como demonios de Reiki.

Ouija, tarot y juegos de video. El comportamiento incluso al parecer inocuo de usar una tabla ouija o tarjetas de tarot o ir con un adivino "solo por diversión" puede sin saberlo abrir a una persona a las estructuras de poder demoníaco. Muchos de los juegos de video de hoy pueden convertirse en sendas para el ocultismo. Tenga cuidado con lo que sus hijos están haciendo. La mayoría de los niños tienen músculos de discernimiento espiritual sin desarrollar con los cuales todavía no pueden defenderse. Depende de nosotros enseñarles la diferencia entre el bien y el mal. Satanás no juega limpio. Él va tras los niños y les inflige tanto daño como sea posible, siempre que se le da oportunidad. Cuando entramos al territorio de Satanás, voluntariamente o por ignorancia nos ensuciamos.

El ocultismo y que alguien esté endemoniado

Satanismo. Las personas que participan voluntariamente en prácticas ocultas como el satanismo se abren a quedar altamente endemoniadas. Han realizado juramentos de sangre y le han hecho votos a Satanás que son sumamente difíciles de romper. El diablo va a hacer todo lo que pueda para evitar que se le salgan de control, incluso hasta llegar tan lejos como matarlos antes de que puedan ser liberados.

El diablo es el maestro del engaño y se va a enmascarar de bondad y luz siempre que sea posible. Sostenerse firmemente de la Palabra de Dios permitirá que la luz espiritual de Dios reine en nuestro corazón y en nuestra mente y que nos dé el discernimiento que necesitamos para desenmascarar las artimañas del diablo. La Biblia nos dice que Satanás vendrá como un ángel de luz.[13] Él sabe que el pueblo de Dios es atraído a la luz de Dios, así que capitaliza sobre esto para atraernos a su oscuridad.

El abuso ritual satánico es el resultado directo de la participación en las actividades del ocultismo por parte de los adultos que fuerzan a sus hijos a participar. Al parecer los niños están entre los que son víctimas de abuso con más frecuencia. Muchas veces, aunque no siempre, las experiencias de abuso ritual a lo largo de un periodo de tiempo dará como resultado múltiples personalidades en la persona que las experimenta. Esto ahora es llamado con más frecuencia Trastorno de Identidad Disociativo y es un asunto sumamente serio. La consejería y las oraciones para una persona tan afligida solamente deben ser hechas por los que tienen extenso entrenamiento profesional y experiencia. Esto puede tomar horas, semanas, meses y en casos extremos algunas veces años. Muchas veces la persona afectada no sabe que tiene múltiples personalidades hasta que acude a un consejero.

Para más información sobre este tema, incluyendo una extensa lista de recursos, le recomiendo el manual de liberación del Dr. Arlin Epperson, Healing of the Spirit: A Practical Manual for Deliverance and Inner Healing [Sanidad del Espíritu: Un manual práctico de liberación y sanidad interior], que se puede encontrar en su sitio web healingofthespirit.org.

Masonería y sociedades secretas. Las sociedades secretas ocultistas como la masonería que se disfraza como una organización fraternal buena y digna orientada al servicio, han sido parte de Estados Unidos desde su origen. A causa de la naturaleza compleja de la masonería la examinaremos a detalle en el siguiente capítulo.

Prácticas complementarias de salud. He ministrado en Brasil durante muchos años y he escuchado estadísticas que afirman que aproximadamente 80% de los brasileños han acudido a los sanadores espiritistas. Veo que la cultura de Estados Unidos y Europa se está moviendo en esa misma dirección con el advenimiento de las modalidades de sanidad basadas en ocultismo de la medicina. Permítame decirle que no todas las prácticas complementarias de salud son ocultismo. Muchas, aunque no estén

El ocultismo y que alguien esté endemoniado

basadas en creencias cristianas, caen en una categoría neutra. Hay aceites, vitaminas y suplementos nutricionales naturales que son usados ahora para complementar nuestras prácticas médicas modernas, y no hay razón que yo conozca para considerarlas como potencialmente dañinas espiritualmente.

La medicina quiropráctica es una práctica de salud complementaria que requiere discernimiento. Surgió a finales de los 1800 como una amalgama de espiritualismo, naturalismo, magnetismo y vitalismo, las cuales creen y dependen de premisas decididamente ocultistas. Hoy muchos quiroprácticos rechazan la base original de la medicina quiropráctica a favor de un punto de vista científico. El punto de vista científico está basado en investigaciones que han probado que hay impulsos eléctricos que se originan en el cerebro que viajan por la médula espinal. Cuando estos impulsos se ven impedidos por pinzamiento de los nervios de la médula espinal, una persona puede experimentar problemas de salud. El ajuste manual de la médula puede aliviar el pinzamiento y traer alivio.

Algunos quiroprácticos, aunque basan su práctica en principios científicos también incorporan terapias complementarias como el Reiki en su consulta. Muchos de ellos no están al tanto de los peligros. En el proceso del ministerio de liberación podemos encontrar a los que se han endemoniado de este modo, por lo que es importante darle tiempo y atención a la parte de la entrevista del proceso de liberación para descubrir lo que de otro modo permanecería escondido. Como la quiropráctica, la acupuntura o la acupresión podría ser o no dañina dependiendo de la persona que la administra.

Nosotros en Occidente debemos tener cuidado de no etiquetar todo lo que viene de Oriente como malo o dañino. Aunque las religiones orientales y ciertas prácticas médicas orientales no le dan cabida al Dios del cristianismo, tenemos que entender que la medicina occidental alopática tampoco le da lugar a Dios. Lo que es dañino espiritualmente es aquello que involucra una cosmovisión anticristiana.

Capítulo 11
MASONERÍA

En el curso de ministrar sanidad y liberación usted encontrará a los que están o han estado involucrados en masonería o que tienen una influencia masónica en sus antepasados.

En su libro *Breaking Free* [Liberado] Tom Hauser dice esto acerca de la masonería: "El concepto original del Rito Escocés de la Masonería era desarrollar una religión universal que personas de cualquier credo pudieran aceptar y adorar en ella [...] El 'dios' de la masonería es una combinación de Jehovah, Baal y Osiris, aunque esto no les es revelado a los miembros hasta que están un poco más avanzados en la sociedad".[1] Baal, según la literatura ocultista es uno de los siete príncipes del infierno, y Osiris era considerado por los antiguos egipcios como el que gobernaba sobre los muertos. Además de la masonería muchas prácticas ocultas contemporáneas siguen adorando a Baal y a Osiris.

La masonería se caracteriza por rituales secretos durante los cuales los miembros deben hacer juramentos y votos que no se pueden romper excepto bajo pena de muerte. Cualquier organización que requiera que los miembros hagan juramentos y votos secretos, sin importar lo buenos y piadosos que puedan parecer estos juramentos y votos en la superficie, deberían ser evitados rotundamente. La participación por ignorancia en estas organizaciones puede llevar directo al patio de juegos del diablo. Se puede ver cómo las familias de los masones sufren de excesivas enfermedades físicas y emocionales.

La masonería por su misma naturaleza es secreta, pero existe mucha información bien documentada de exmiembros y de investigaciones académicas de cristianos. Sabemos que apareció en Europa en el siglo diecisiete, específicamente en Inglaterra y en Escocia donde permanece fuerte hoy. Cálculos actuales estiman que la membresía mundial es de un poco más de tres millones.

Los colonizadores europeos trajeron la masonería a Estados Unidos donde obtuvo un terreno significativo entre nuestros Padres Fundadores. Muchos de nuestros presidentes fueron masones, incluyendo a George Washington. El Monumento a Washington en Washington, D.C., es un símbolo fálico masón. Monumentos masones similares se pueden encontrar en la mayoría de las ciudades importantes de Estados Unidos. Nuestra moneda también está adornada con simbolismo masón como la pirámide con el "ojo de luz espiritual que todo lo ve". La masonería está repleta de simbolismo anticristiano que tiene sus raíces en adoración ocultista, mucha de ella es adoración sexualmente desviada. Por esta razón es mejor que las mujeres ministren a las mujeres y los hombres a los hombres cuando se trate de masonería.

Casi cada pueblo y ciudad en Estados Unidos tiene una logia masónica con el símbolo masón exhibido de manera prominente. El compás y la escuadra con la G mayúscula en el centro se nos dice que representa el arte antiguo de la cantería o de la albañilería cuando de hecho es simbolismo de ocultismo. A los masones que se inician se les dice que la G quiere decir el "Gran Arquitecto del Universo" y que ese es su dios.[2] Se les dice que su tarea es embarcarse en una búsqueda para descubrir el verdadero nombre de Dios. A medida que avanzan por los niveles de la masonería, no es hasta que llegan al nivel siete que se les revela el "verdadero" nombre de dios.

> Este nombre, "JAHBULON", es trino en burla blasfema del verdadero Dios trino del universo. "JAH" es la forma acortada del nombre hebreo "YAHWEH" o "JEHOVÁ", que los cristianos saben que es uno de los nombres de Dios. "BUL" es otra forma de escribir "BAAL", el dios pagano de la Biblia. "ON" era la palabra usada para clamar a la deidad babilonia de "OSIRIS". Este nombre es tan sagrado entre los masones que ningún Masón del Real Arco puede pronunciarlo solo.

Se requiere tres masones para pronunciar este nombre "sagrado". Este nombre [JAHBULON] es utilizado en ritos y votos más avanzados que realizan los masones en su ascenso por la pirámide masónica.³

Una vez que una persona es invitada a unirse a una logia comienza una progresión a través de varios grados. Cada grado requiere la realización de juramentos secretos junto con prácticas de iniciación extrañas diseñadas para despojar a la persona de su identidad dada por Dios y sustituirla con la identidad de Satanás. A medida que avanzan por los grados, la idolatría ocultista incrementa hasta que Satanás mismo se vuelve parte del proceso de iniciación. Gran engaño y confusión mezclados con temor evitan que la mayoría de las personas se liberen de la masonería por sí mismos.

Las prácticas de iniciación se llevan a cabo en la oscuridad y pueden incluir el "nudo corredizo alrededor del cuello" que simboliza un ahorcamiento simulado en el que la persona rinde su mente a la masonería, es desnudada de su ropa y firma los juramentos con su propia sangre. Las penas por romper los juramentos o revelar sus secretos incluyen desmembramiento y muerte.

Es triste saber que muchos han participado en este tipo de conducta ocultista absurda durante siglos con consecuencias desastrosas, pero ilustra las profundidades de

Masonería

depravación de la mente de Satanás y el grado en el que puede engañar y esclavizar individuos inteligentes. La mayoría entra a la masonería sin estar al tanto de su verdadera identidad hasta que es demasiado tarde.

Barbara Cassada tiene un libro excelente titulado *Unto Death* [Hasta la muerte],[4] en el que presenta un entendimiento a profundidad de la masonería y su agenda satánica. El capítulo 6 de su libro incluye oraciones de renuncia para todos los diferentes grados de masonería. Hay muchos otros excelentes libros disponibles con respecto a la masonería, algunos de los cuales están mencionados al final del libro de Barbara. También puede encontrar información excelente y una lista de material de lectura en el manual en línea del Dr. Arlin Epperson.[5]

Durante los años de ministrar sanidad y liberación en su iglesia local, Barbara y su marido, Bill, encontraron a aquellos que estaban batallando con salir de la masonería. Cuando conocieron Global Awakening y comenzaron a viajar por el mundo como parte de mis equipos de ministración, comenzaron a encontrar nuevamente muchas instancias de masonería al ministrar sanidad y liberación. Sin conocimiento previo de la masonería investigaron el asunto y quedaron impresionados por lo que encontraron.

> Lo que descubrieron era diabólico y atemorizante en la intensidad de su engaño. Muchas situaciones por las que oramos podían ser rastreadas

> directamente a los votos (maldiciones) que los masones pronuncian sobre sí mismos en cada grado de elevación dentro de esta sociedad secreta. A medida que un masón avanza por la escalera de grados desde el mismo primer juramento como un Aprendiz Masón, se ata cada vez más fuertemente a las artimañas diabólicas del enemigo. Los ritos satánicos son realizados bajo la apariencia de seguir a Dios, pero cuando se hace brillar sobre ellos la luz de la verdad, la realidad de la doctrina se vuelve diáfana como el cristal. La Palabra nos promete que Satanás vendrá como un "ángel de luz". Al hacer bien por la comunidad, los masones y todos los que asisten a organizaciones secretas que siguen este sendero (mormones, *elks*, *shriners*, *foresters*, *moose*, etc.) tejen una red de engaño que auxilia al corazón del hombre a una hermandad amorosa y una necesaria camaradería, y luego ata a ese corazón a sí mismo con temor por las consecuencias de ser traicionado.[6]

A través de Barbara y la obra de otros ha salido a la luz que las personas que participan en la masonería con frecuencia muestran debilidades o dolencias específicas así como sus familiares. Encabezando la lista se encuentran cánceres, particularmente de colon, próstata, cerebro y pecho, enfermedad de Parkinson, problemas cardiacos,

Masonería

problemas de salud mental y muerte prematura de niños y parientes.

A medida que examinamos algunos de los ritos y votos/juramentos involucrados en la masonería, tenga en mente que estos votos y juramentos son en realidad maldiciones que los individuos pronuncian sobre sí mismos que se extienden a la vida de sus generaciones subsiguientes hasta que se renuncia a esos votos y juramentos y son rotos por el poder y la autoridad del nombre de Jesucristo.

La Biblia es sumamente clara en su enseñanza con respecto a los juramentos. En Mateo Jesús nos dice:

> También han oído que se dijo a sus antepasados: "No faltes a tu juramento, sino cumple con tus promesas al Señor". Pero yo les digo: No juren de ningún modo: ni por el cielo, porque es el trono de Dios; ni por la tierra, porque es el estrado de sus pies; ni por Jerusalén, porque es la ciudad del gran Rey. Tampoco jures por tu cabeza, porque no puedes hacer que ni uno solo de tus cabellos se vuelva blanco o negro. Cuando ustedes digan "sí", que sea realmente sí; y cuando digan "no", que sea no. Cualquier cosa de más, proviene del maligno.
> —Mateo 5:33-37

Los iniciados en el primer grado de la masonería comienzan haciendo votos secretos en medio de rituales paganos que juran en el nombre de Dios. A medida que avanzan a través de cada nivel sucesivo, los juramentos y rituales se vuelven cada vez más obscenos y violentos. Proverbios 18:21 nos dice que en la lengua hay poder de vida y muerte. El libro de Éxodo nos dice claramente que no invoquemos los nombres de otros dioses ni permitamos que se escuchen en nuestros labios.[7]

El iniciado en el primer grado, llamado "Aprendiz Masón" jura guardar sus votos, y que si viola este juramento en cualquier manera, está de acuerdo en que le corten la garganta de oreja a oreja y que le arranquen la legua de raíz y que sea enterrada en la arena con marea baja. Al avanzar al segundo grado como "Compañero Masón" jura que le abran el pecho izquierdo y que le arranquen el corazón y sea dado a las bestias salvajes del campo y a las aves de los cielos si viola su juramento. Un "Maestro Masón" en el tercer grado jura que si viola su juramento consiente en que su cuerpo sea cortado en dos, sus entrañas arrancadas y quemadas después de lo cual sean dispersadas en el viento. Parte del proceso de iniciación del tercer grado involucra hacer que el iniciado se recueste en el piso como si estuviera muerto para que el Maestro Venerable pueda levantar a la persona a un "nuevo nacimiento" masónico. Hay varios grados más allá del tercer grado pero este breve análisis es suficiente para ayudarlo a comprender la naturaleza de los juramentos y las maldiciones resultantes.

Masonería

Los masones no deben violar sus juramentos o traicionar a un compañero masón excepto en los casos de asesinato y traición. Barbara Cassada señala que la frase "asesinato y traición" fue añadida al juramento después de la muerte del exmasón William Morgan en 1826.[8] Morgan dejó los masones y cuando publicó los secretos de su logia fue asesinado. Cassada continúa para señalar las horrendas implicaciones de esto cuando consideramos que muchos en liderazgo en la policía y nuestro sistema judicial así como en altos niveles de nuestro gobierno son masones. "Si un juez sentado en la corte recibe la señal masónica de un acusado, se encuentra más en deuda con su hermano de la logia que con la ley que ha jurado defender. Lo mismo sucede con los oficiales de policía, abogados, procuradores, abogados de amparo, etcétera, sin importar su nacionalidad. Dondequiera que exista la masonería, la lealtad a un compañero masón toma preponderancia sobre el bien y el mal".[9]

El libro de Barbara Cassada narra a detalle el testimonio de un hombre que fue liberado de la masonería como resultado de asistir a uno de los congresos de sanidad de Global Awakening en 1989.[10] A medida que yo [Randy Clark] estaba enseñando sobre masonería y liberación, ese hombre comenzó a sentirse mal del estómago. Confundido y curioso, compró un ejemplar del libro de Cassada y lo leyó al siguiente día. Entre más leía, más enfermo se sentía a medida que el Espíritu Santo comenzó a convencerlo de la verdad de la masonería.

A medida que comenzó a renunciar a los juramentos que había hecho y a clamar a Dios por perdón, los demonios comenzaron a literalmente rasgar sus entrañas. Dijo que sentía como si hubiera gatos enterrando su garras en su estómago y sus intestinos. Sintiendo la necesidad de vomitar y tener alivio, corrió al baño. Una vez allí comenzó a sangrar profusamente en el retrete. Luchó a lo largo del día hasta el día siguiente. Con la compasiva ayuda de su esposa y su pastor finalmente fue liberado y hecho libre al pasar por horas de renunciar a su participación en la masonería. "Me di cuenta de que durante todos los años que pasé en oposición a Dios, Él había estado allí todo el tiempo cuidándome, amándome y anhelando una relación conmigo. Sé que Dios me reveló su amor por mí ese día; me perdonó de mis pecados y *¡me liberó!*".[11]

Ninguno de los grados de masonería contiene ninguna verdad espiritual que los haga dignos de todas las maldiciones que contienen y el secreto que los rodea. Al contrario, el secreto contribuye a confundir, engañar y esconder la verdad de cualquiera que tenga el propósito de examinar la masonería. Los principios de la masonería se componen de porciones selectas de la fe cristiana colocadas sobre un fundamento decididamente anticristiano.

Gracias a la naturaleza secreta de la masonería y otras sociedades secretas similares, la red de engaño que generan con frecuencia es difícil de reconocer. Cuando encuentre a otros que estén sufriendo las consecuencias de las maldiciones de la masonería, ya sea por los juramentos que han hecho o por la participación de los antepasados o ancestros en la masonería es imperativo que sean guiados a renunciar con el fin de cancelar la autoridad de Satanás en su vida. Ayudar a la gente a obtener libertad de la influencia masónica no debería ser difícil si están dispuestos a hacer oraciones de renuncia en voz alta y con sinceridad del corazón.

Recomiendo las siguientes oraciones de renuncia.

ORACIONES PARA SER LIBRE DE LA MASONERÍA[12]

Pídale a la persona que está buscando ser libre que lea la siguiente oración en voz alta. Aunque esta oración es larga, el tiempo adicional que se lleva no tiene comparación con el beneficio de asegurarse de que todas las puertas abiertas sean cerradas.

> *Padre Dios, Creador del cielo y de la tierra, vengo a ti en el nombre de Jesucristo, tu Hijo. Vengo como un pecador buscando perdón y limpieza de todos los pecados cometidos en tu contra y en contra de otros hechos a tu imagen. Honro a mi padre terrenal y a mi madre, así como a todos mis antepasados de carne y hueso, y también a los espirituales por adopción y padrinos, pero*

absolutamente me vuelvo de todos sus pecados y renuncio a ellos.

Perdono a todos mis parientes y antepasados por pasarme a mí y a mis hijos los efectos de sus pecados. Confieso todos mis pecados y renuncio a ellos en esta área también. Yo renuncio a Satanás y a todo poder espiritual suyo que me afecte a mí y a todos los miembros de mi familia y los reprendo, en el digno nombre de Jesús.

Renuncio a toda participación en la masonería o en cualquier otra logia u oficio de mis ancestros, de mis parientes y de mí mismo y la abandono. Renuncio a la brujería, el espíritu principal detrás de la masonería, y renuncio a Bafomet, el espíritu del anticristo y a la maldición de la doctrina luciferiana. Renuncio a la idolatría, la blasfemia, el secreto y el engaño de la masonería en todos sus niveles. Específicamente renuncio a la inseguridad, al amor a la posición y al poder, al amor al dinero, a la avaricia y la codicia, y a la soberbia y el orgullo que llevaron a mis ancestros a la masonería. En el precioso nombre de Jesucristo renuncio a todos los temores que los mantuvieron en la masonería, especialmente al temor de la muerte, al temor de los hombres y al temor de confiar.

Renuncio a toda posición que haya tenido en la logia yo mismo o cualquiera de mis antepasados, incluyendo: "Guarda Templo", "Maestro", "Venerable Maestro" o cualquier otro. Renuncio llamar a cualquier hombre "Maestro", ya que Jesucristo es mi único maestro y Señor, y Él prohíbe que cualquier otro sea llamado con ese título. Renuncio a entrampar a otros para que entren a la masonería y a observar la indefensión de otros durante los rituales. Renuncio a los efectos de la masonería que me hayan sido pasados a través de cualquier antepasado femenino que se haya sentido no digna de confianza y rechazada por su marido cuando este entró y asistía a cualquier logia, y por rehusarse a contarle sus actividades secretas. Oro por todos estos favores en el bendito nombre de Jesucristo, mi Salvador.

Primer grado

Renuncio a los juramentos realizados y a las maldiciones involucradas en el primer grado (o Aprendiz Masón), especialmente a sus efectos en la garganta y la lengua. Renunció a la venda de los ojos y sus efectos en las emociones y los ojos, incluyendo toda confusión, miedo a la oscuridad, miedo a la luz y miedo a ruidos súbitos.

Renuncio a la palabra secreta "boaz" y todo lo que significa. Renuncio a la mezcla y a la combinación de verdad y error, y a la blasfemia de este grado de masonería. Renuncio al nudo corredizo alrededor del cuello, al temor de asfixiarme e incluso a todo espíritu que provoque asma, fiebre del heno, enfisema o cualquier dificultad respiratoria. Renuncio a la punta del compás, la espada o la lanza sostenida contra el pecho, al temor a la muerte por dolor de acuchillamiento y al temor de ataque al corazón inculcado en este grado.

Ahora oro por sanidad de la garganta, las cuerdas vocales, los conductos nasales, los senos, los bronquios, etcétera, por sanidad del área del habla y la liberación de la Palabra de Dios a mí y a través de mí y de todos los miembros de mi familia, en el nombre de Jesucristo.

Segundo grado

Renuncio a los juramentos hechos y a las maldiciones involucradas en el segundo grado (o Compañero Masón) de la masonería, especialmente a las maldiciones del corazón y el pecho. Renuncio a las palabras secretas "jaquín" y "shibolet" y todo lo que estas significan. Corto con la dureza emocional, la apatía, la indiferencia,

Masonería

la incredulidad y el profundo enojo sentido y experimentado por mí y por todos los miembros de mi familia. Oro por la sanidad de mi pecho, pulmones y áreas del corazón, y también por la sanidad de mis emociones, y pido que yo sea hecho sensible al Espíritu Santo de Dios en el nombre de Jesús.

Tercer grado

Renuncio a los juramentos hechos y a las maldiciones involucradas en el tercer grado (o Maestro Masón) especialmente a las maldiciones en el estómago y la zona del vientre. Renuncio a las palabras secretas "maha bone", "machaben", "machbinna" y "tubal caín" y todo lo que significan. Renuncio al espíritu de muerte por los golpes a la cabeza realizados como representación de un asesinato ritual, al temor a la muerte y al martirio falso, al temor del ataque violento de una pandilla, agresión o violación y a la indefensión de este grado. Renuncio a caer en el ataúd (o camilla) involucrado en el ritual de asesinato. Renuncio a la resurrección falsa de este grado, ¡porque solamente Jesucristo es la Resurrección y la Vida! También renuncio a besar de manera blasfema la Biblia en un juramento de brujería. Corto con todos los espíritus de muerte, brujería y engaño, y en el nombre de Jesucristo, oro por la sanidad de [mencione a los que apliquen] mi estómago, vesícula, útero, hígado y cualquier otro órgano de mi cuerpo afectado por la masonería, y pido por una liberación de compasión, comprensión y perdón para mí y para mi familia. Oro por todos estos favores en el bendito nombre de Jesucristo.

Grado del Santo Real Arco

Renuncio y abandono los juramentos hechos y las maldiciones e iniquidades involucradas en el Grado del Santo Real Arco de la masonería, especialmente el juramento con respecto a la remoción de la cabeza del cuerpo y la exposición de los sesos al caliente sol. Renuncio a la Marca de la Logia y a la marca en forma de cuadrados y ángulos que marca a la persona de por vida. También rechazo la joya o talismán, que podría haber sido hecha de esta señal de la marca y usado en las reuniones de la logia.

Renuncio al falso nombre secreto de Dios, "Jahbulon", y declaro total rechazo a toda adoración de dioses paganos, es decir, a Bul o Baal y a On u Osiris. También renuncio a la contraseña, "ammiruhamah", y a su significado oculto. Renuncio a la comunión o eucaristía falsa tomada en este grado y a toda la burla, escepticismo e incredulidad acerca de la obra redentora de Jesucristo en la cruz del Calvario. Me arrepiento y corto todas estas maldiciones y sus efectos sobre mí y mi familia, y ordeno la sanidad del cerebro y la mente, en el nombre de Jesucristo.

Décimo octavo grado

Renuncio a los juramentos hechos y a las maldiciones involucradas en el Décimo Octavo Grado de Masonería, Más Sabio Caballero del Pelícano y el Águila y Soberano Príncipe Rosacruz de la Casa del Templo. Renuncio y rechazo al espíritu de pelícano de brujería, así como a la influencia de ocultismo de los rosacruces y la cábala en este grado. Renuncio a la afirmación de que la muerte de Jesucristo fue una "horrenda calamidad" y a la burla deliberada y al torcimiento de la doctrina cristiana de la Expiación. Renuncio a la blasfemia y al rechazo de la deidad de Jesucristo y a las palabras secretas "igne natura renovatur integra" y su significado. Renuncio a la burla de la comunión tomada en este grado, incluyendo una galleta, sal y vino blanco en el nombre de Jesús.

Trigésimo grado

Renuncio a los juramentos hechos y a las maldiciones involucradas en el trigésimo grado de masonería, el Gran Caballero Kadosh y Caballero del Águila Blanca y Negra. Renuncio a la contraseña "stibiumalkabar" y todo lo que significa, en el bendito nombre de Jesús.

Trigésimo primer grado

Renuncio a los juramentos hechos y a las maldiciones involucradas en el trigésimo primer grado de masonería, el Gran Comandante Inspector Inquisidor. Renuncio a todos los dioses y diosas de Egipto que son honrados en este grado, incluyendo a Anubis con la cabeza de carnero, a Osiris el dios sol, Isis la hermana y esposa de Osiris, y también a la diosa luna. Renuncio al Alma de Cheres, al falso símbolo de la inmoralidad, a la Cámara de la Muerte y a la falsa enseñanza de la reencarnación, en el nombre de Jesús.

Trigésimo segundo grado

Renuncio a los juramentos hechos y a las maldiciones involucradas en el trigésimo segundo grado de masonería, el Sublime Príncipe del

Real Secreto. Renuncio a la falsa deidad trina de la masonería, AUM, y sus partes: Brahma (el creador), Vishnu (el preservador) y Shiva (el destructor). Renuncio a la deidad de Ahura-Mazda, el supuesto espíritu o fuente de toda luz, y a la adoración con fuego (que es una abominación para Dios), y beber de un cráneo humano, como se hace en algunos ritos de la sociedad, en el nombre de Jesucristo.

Rito de York

Renuncio a los juramentos hechos y a las maldiciones involucradas en el Rito de York de la masonería, incluyendo los grados de Maestro de la Marca, Maestro Virtual Pasado, Muy Excelente Maestro, Maestro Real, Maestro Secreto, Súper Excelente Maestro, la Ilustre Orden de la Cruz Roja, la Orden de Malta y la Orden del Temple. Renuncio a las palabras secretas "joppa", "kebraioth" y "Maher-shalal-hashbaz". Renuncio a los votos hechos sobre un cráneo humano, las espadas cruzadas y la maldición y el deseo de muerte de Judas, o tener la cabeza cortada y puesta en lo alto de la espira de una iglesia. Renuncio a la comunión profana y especialmente a beber de un cráneo humano como se hace en algunos ritos de la sociedad, en el bendito nombre de Jesucristo.

Shriners

Renuncio a los juramentos hechos y a las maldiciones y penas involucradas en la Antigua Orden Arábiga de los Nobles del Santuario Místico. Renuncio a la perforación de los globos oculares con una hoja de tres filos, el desuello de los pies, la locura y la adoración del dios falso Allah, el dios de nuestros padres. Renuncio a la venda de los ojos, al ahorcamiento simulado, a la decapitación simulada, a la simulación de beber la sangre de la víctima, a la representación de un perro orinando en el iniciado y al ofrecimiento de orina como conmemoración, en el bendito nombre de Jesucristo.

Trigésimo tercer grado

Renuncio a los juramentos hechos y a las maldiciones involucradas en el trigésimo tercer grado de masonería, el Soberano Gran Inspector General de la Orden. Renuncio y abandono la declaración de que Lucifer es Dios. Renuncio al lazo alrededor del cuello. Renuncio al deseo de muerte—que el vino bebido de un cráneo humano se convierta en veneno—y el esqueleto, cuyos fríos brazos son solicitados si es violado el juramento de este grado. Renuncio a los tres asesinos infames del Gran Maestro: la ley, la propiedad y la religión; y a la codicia y a la brujería involucrada en el intento de manipular y controlar al resto de la humanidad, en el bendito nombre de Jesucristo.

Todos los demás grados

Renuncio a todos los juramentos hechos, los rituales de los demás grados y a las maldiciones involucradas en ellos. Renuncio a todas las demás logias y sociedades secretas como Masonería Prince Hall, Mormonismo, Orden del Amaranto, Oddfellows, Búfalos, Druidas, Guardabosques, Orange, Elks, las logias Moose e Eagle, el Ku Klux Klan, The Grange, Woodmen of the World, Jinetes de la Toga Roja, los Caballeros de Pythias, la Orden Mística de los Profetas Velados del Reino Encantado, las órdenes femeninas Estrella del Este, Órdenes Internacionales de las Hijas de Job y Niñas del Arco Iris, así como la Orden de DeMolay para muchachos, y sus efectos sobre mí y todos los miembros de mi familia, en el precioso nombre de Jesucristo.

Renuncio a la antigua enseñanza pagana y simbolismo de la Primera Pizarra, la Segunda

Pizarra y la Tercera Pizarra como se usan en los rituales de la Logia Azul. Renuncio al ritual pagano de "Punta con un Círculo" con todas sus ataduras y adoración fálica (pene). Renuncio al misticismo oculto del piso de mosaico a cuadros blanco y negro, con el simbolismo y las ataduras paganas teseladas (o adornadas). Renuncio y completamente le doy la espalda al Gran Arquitecto del Universo, quien es revelado en los grados más altos como Lucifer, y su falsa afirmación de ser la paternidad universal de Dios. También renuncio a la afirmación falsa de que Lucifer es la Brillante Estrella de la Mañana, y declaro que solamente Jesucristo es la Brillante Estrella de la Mañana de la que habla Apocalipsis 22:16.

Renuncio al Tercer Ojo que Todo lo Ve de la masonería o a Horus en la frente y su simbolismo pagano y oculto. Renuncio a todas las falsas comuniones, a toda la burla y simulación de la obra redentora de Jesucristo en la cruz del Calvario, a toda incredulidad, confusión y depresión y a toda adoración de Lucifer como Dios. Renuncio y le doy la espalda a la mentira de la masonería de que el hombre no es pecaminoso, sino solamente imperfecto de modo que puede redimirse a sí mismo a través de buenas obras. Me regocijo de que la Biblia declara que no puedo hacer nada para obtener mi salvación, y de que solamente puedo ser salvo por gracia a través de la fe en Jesucristo y lo que logró en la Cruz del Calvario.

Renuncio a todo temor de locura, y renuncio a la angustia, deseos de muerte, suicidio y muerte, en el nombre de Jesucristo. La muerte fue conquistada por Jesucristo, y solo Él tiene las llaves de la muerte y la salud, y yo me regocijo de que tiene mi vida en sus manos incluso ahora. Él vino para darme vida en abundancia por la eternidad, y creo en sus promesas.

Renuncio a toda ira, odio, pensamientos asesinos, venganza, revancha, apatía espiritual, religión falsa e incredulidad, especialmente incredulidad en la Santa Biblia como la Palabra de Dios, y a todas las ocasiones de transigir en contra de la Palabra de Dios. Renuncio a toda búsqueda espiritual en religiones falsas y a todo mi esfuerzo por agradar a Dios, quien ya me conoce y me ama eternamente. Descanso en el conocimiento de que he encontrado a mi Señor y Salvador, Jesucristo, y que ya no estoy más perdido para Él porque Él me ha encontrado.

Quemaré todos los objetos en mi posesión que me conecten con todas las logias y organizaciones del ocultismo, incluyendo a la masonería y la brujería, sus atuendos, delantales, libros de rituales, anillos y otra ropa y joyería. Renuncio a los efectos que estos (u otros objetos de la masonería como el compás, la escuadra, el nudo corredizo o la venda de los ojos) han tenido en mí o en cualquier miembro de mi familia, en el bendito nombre de Jesús.

Espíritu Santo, te pido que me muestres cualquier otra cosa que necesite hacer o por la que necesite orar, para que yo y todos los miembros de mi familia seamos totalmente libres de las consecuencias de los pecados de masonería, brujería y paganismo, así como de cualquier y toda cosa inicua.

Ahora, Padre Dios, te pido humildemente por la sangre de Jesucristo tu Hijo que me limpies de todos estos pecados que he confesado y a los que he renunciado; que limpies mi espíritu, mi alma, mi mente, mis emociones y cada parte de mi cuerpo que han sido afectados por estos pecados, ¡en el santo nombre de Jesús!

Renuncio a todo espíritu maligno relacionado con la masonería, la brujería y todo otro pecado, y ordeno—en el nombre de Jesucristo—que Satanás y cada espíritu maligno sea atado y que me deje ahora, sin tocar ni dañar a nadie y que se vayan al lugar señalado por el Señor Jesús para jamás regresar a mí o a cualquier miembro de mi familia. Clamo solamente en el nombre del Señor Jesús para ser liberado de estos espíritus, en conformidad con las muchas promesas mencionadas en la Biblia. También pido ser liberado de todo espíritu de enfermedad, debilidad o dolencia, maldición, aflicción, adicción, padecimiento o alergia asociado con estos pecados que he confesado y a los que renunciado.

Rindo al Espíritu Santo de Dios—y a ningún otro espíritu—todos los lugares en mi vida donde han estado estos pecados. Te pido, Señor, que me bautices en tu Espíritu Santo ahora, conforme a las promesas de tu Palabra. Me visto de toda la armadura de Dios en conformidad con Efesios capítulo 6 y me regocijo en su protección a medida que Jesús me rodea y me llena con el Espíritu Santo.

Te entronizo, Señor Jesús, dentro de mi corazón, Tú eres mi Señor y mi Salvador, la fuente de vida eterna. Gracias, Padre Dios, por tu misericordia, por tu perdón y por tu vida; oro en el nombre de Jesucristo. Amén.

A aquellos que de hecho han estado involucrados en los diferentes grados de la masonería se les alienta a hacer simbólicamente lo siguiente, a medida que leen la oración anterior.

- Simbólicamente remueva la venda de sus ojos y désela al Señor para que Él la deseche.
- Del mismo modo, simbólicamente remueva el velo de luto.
- Simbólicamente corte y remueva el nudo corredizo de alrededor de su cuello; júntelos con el lazo que corre por el cuerpo y déselo todo al Señor para que Él lo deseche.
- Renuncie al pacto de matrimonio de la masonería, removiendo del cuarto dedo de la mano derecha el anillo de este pacto matrimonial falso y déselo al Señor para que Él lo deseche.
- Simbólicamente remueva las cadenas y las ataduras de la masonería de su cuerpo.
- Simbólicamente remueva todo el atuendo de la masonería y la armadura, especialmente el delantal.
- Simbólicamente remueva la bola y la cadena de los tobillos.

- Arrepiéntase y busque perdón por haber caminado en tierra impura, incluyendo las logias y templos masones.

- Proclame que Satanás y sus demonios ya no tienen ningún derecho legal de conducirlo a conclusiones erradas ni de manipularlo.

La siguiente es una lista de otras sociedades secretas similares a la masonería que son demoníacas en su origen y naturaleza y que es probable que se encuentre con ellas al ministrar liberación.[13] La Estrella del Este es la rama femenil de la masonería.

- Orden de la Estrella del Este
- Orden del Santuario Blanco de Jerusalén
- Orden del Amaranto
- Orden de DeMolay
- Hijas de la Estrella del Este
- Hijas del Nilo
- Orden Internacional de las Hijas de Job
- Orden Internacional del Arco Iris para Niñas
- Shriners

La libertad en Cristo a través de su obra consumada en la cruz en el ministerio de sanidad y liberación no suele ser típicamente sencilla. El Dr. Epperson tiene esto que decir: "Mientras que muchas personas al parecer se enfocan en un problema espiritual por vez, esto suele ser un poco estéril. La persona, a causa de sus propias experiencias así como de las que le han sido transmitidas por sus antepasados (Éxodo 20:5), típicamente tendrá varias áreas de su vida en las que podría tener 'puertas' abiertas para que las influencias de las tinieblas la afecten. La mayoría de los ministros de liberación recomendarán bastante un enfoque de 'comida completa' más que de un solo problema. Incluso si la oración remueve la influencia del área en la que se está enfocando, si no se trata también con las demás áreas, los problemas del área en que se enfocó la ministración volverán a través de las áreas con las que no se ha tratado".[14]

Capítulo 12
CÓMO MINISTRAR LIBERACIÓN

MINISTRAR LIBERACIÓN NUNCA ES IGUAL CON dos personas diferentes. Quizá proceda gentil y tranquilamente en una liberación solamente para enfrentar todo tipo de manifestaciones extrañas en la siguiente. Cuando suceden manifestaciones fuertes e inusuales, hay maneras de tratar con ellas para poner la situación bajo control, más que dejar el control en las manos de lo demoníaco. Cuando ministramos desde el corazón de amor que se encuentra en Jesús y la autoridad dada a nosotros por su obra consumada en la cruz, el ministerio de liberación puede ser puesto en su perspectiva adecuada, que es liberar a los cautivos.

Ministrar sanidad y liberación no se trata de adherirse a un método. Los métodos nos dan información y lineamientos, pero es el Espíritu Santo quien finalmente nos guía cuando ministramos. El método presentado aquí brinda una excelente guía fundamental para ministrar liberación, pero solamente es una guía. Así como un cirujano puede encontrarse en un territorio desconocido cuando abre a una persona en la mesa de operaciones y encuentra algo que jamás ha visto antes, podríamos encontrarnos en territorio desconocido en medio de una liberación. Cuando esto sucede debemos confiar en el Espíritu Santo porque sabemos que es el deseo de Dios para todos vivir en libertad.

Para ministrar liberación, debemos estar seguros y claros en nuestra identidad y poder como hijos del Rey, y saber cómo caminar en nuestra autoridad en Jesús. A lo que Dios nos llame, Él nos dará el poder de hacerlo. Cuando Jesús le enseñó a sus discípulos a hacer avanzar el Reino de Dios, modeló dos cosas para ellos. Les enseñó cómo declarar y demostrar el Reino de Dios. El acto de demostrar el Reino proveyó la oportunidad para declarar el Reino. La demostración validaba la declaración.

La autoridad de Jesús es absoluta

Cuando echamos fuera demonios estamos demostrando el Reino de Dios.[1] Debemos aprender a vivir convencidos de la victoria absoluta de Jesús sobre el reino de las tinieblas, convencidos de que Jesús tiene la autoridad absoluta en el cielo y en la tierra.[2] Debemos comprender que el diablo ha sido despojado de toda autoridad y no tener nuestra atención en el diablo sino en la grandeza de Dios: "Desarmó a los poderes y a las potestades, y por medio de Cristo los humilló en público al exhibirlos en su desfile triunfal" (Colosenses 2:15). Debemos estar seguros en nuestra autoridad en Jesús, comprender el principio de unificación: que somos uno con Jesús.³ Morimos con Cristo, fuimos sepultados con Él, resucitados con Él y ahora estamos sentados con Él en lugares celestiales, y tenemos el derecho de practicar y ejercitar la autoridad que se nos ha dado.⁴ Esta es la declaración de identidad que les enseño a los estudiantes que van a estar ministrando liberación:

- Soy un hijo del Rey. Soy coheredero con Jesús.
- Todo lo que Jesús compró y pagó es mi herencia.
- Estoy unido con Jesús. He sido crucificado con Cristo.
- Morí con Él. Fui sepultado con Él.
- Fui resucitado con Él.
- Estoy sentado con Él en los lugares celestiales, muy por encima de todo gobierno y autoridad, poder y dominio, y de cualquier otro nombre que se invoque, no sólo en este mundo sino también en el venidero.
- Por lo tanto, llevo la autoridad de Cristo.
- Tengo autoridad sobre la enfermedad, sobre el pecado, sobre la carne, sobre los demonios y sobre el mundo

- Soy la sal de la tierra. Soy la luz del mundo.
- Echaré fuera las tinieblas. Tengo toda la armadura de Dios.
- Me pongo la coraza de justicia, el cinturón de la verdad, el casco de la salvación, el calzado de la paz.
- Tomo el escudo de la fe y la espada del Espíritu.
- Las armas con que lucho no son del mundo.
- Sino que tienen el poder divino para derribar fortalezas de las tinieblas.
- Todo lo puedo en Cristo, porque el que está en mí es más poderoso que el que está en el mundo.[5]

Ver un demonio debajo de cada arbusto o detrás de cada problema no es bíblico, pero tampoco lo es la negación de su existencia u operación. Tristemente a muchos que podrían ser ayudados, especialmente en las sociedades occidentales, se les niega la ayuda por falta de instrucción práctica o por teologías que niegan su necesidad. No es poco usual leer relatos de misioneros occidentales que rápidamente cambian su teología cuando son confrontados abiertamente por la actividad demoníaca en los campos misioneros de Asia, África y América del Sur.

Cómo ministrar liberación

Cuando el avivamiento llegó a Argentina a mediados de la década de 1990, el pastor Pablo Bottari—una autoridad internacionalmente reconocida en el ministerio de liberación—fue traído por petición de los teólogos Pablo Deiros y Carlos Miranda para que ayudara. Tanto el Dr. Deiros como el Dr. Miranda eran profesores del Seminario Teológico Bautista en Argentina en ese tiempo. El Dr. Deiros era profesor en el Seminario Teológico de Princeton y fue el primer hispano en enseñar en esa prestigiosa institución. Durante su periodo, surgió un avivamiento al estilo Toronto. Renunció a Princeton para regresar a su iglesia.

El avivamiento trajo manifestaciones como reír y caer, sacudirse y ser derribado en el Espíritu, junto con manifestaciones demoníacas. Las manifestaciones demoníacas son comunes durante el avivamiento, y su prevalencia en el avivamiento argentino trajo con ellas una gran necesidad de desarrollar un modelo para ministrar liberación.

Bottari era un hombre humilde con una unción única para ministrar liberación. Ministraba con gran compasión, mostrando amor, paciencia y amabilidad. Durante las cruzadas podía ser encontrado ministrando tarde en la noche para no dejar sin atender a ninguna persona oprimida por el diablo. El ministerio de liberación como es enseñado por Bottari fue forjado en el fuego de la experiencia, mientras él y sus equipos buscaban la dirección de Dios. Ellos constantemente estaban sobre su rostro delante del Señor, orando para comprender cómo querría Él que llevaran a cabo el proceso de liberar a las personas de la obra del enemigo.

La autoridad de las enseñanzas de Bottari está basada en su profunda relación con Jesucristo y su aplicación práctica de la Escritura bajo la dirección del Espíritu Santo. Su espíritu humilde, enseñable permite que Dios lo use poderosamente. Él lo describe en su libro *Libres en Cristo*:

> Cada vez que clamé al Señor pidiéndole sabiduría, siempre me respondió. Más de un millón de almas en cautiverio han recibido ministración en la tienda de liberación, treinta mil a las cuales he tratado personalmente, pero mi actitud nunca ha cambiado. He buscado humillarme completamente delante del Señor, para depender absolutamente del Espíritu Santo y creer en la autoridad que me ha dado como su propio hijo.[6]

> Su carpa, que medía aproximadamente 60 pies (18,29 m) de ancho por 230 pies (70,1 m) de largo se llenaba cada noche de personas endemoniadas. Se necesitaba una gran paciencia para trabajar allí. Muchos demostraban una conducta violenta, gestos de tortura y fuertes gritos.[7]

Los ministros locales trabajan por horas, pero no podían liberar a estas queridas personas hasta que Pablo

Cómo ministrar liberación

Bottari se hizo cargo. Bajo su liderazgo la gente comenzó a ser liberada. Buscando en oración las estrategias de Dios, con Jesús como su ejemplo, Bottari, Carlos Annacondia y otros pastores pudieron con el tiempo desarrollar un modelo eficaz para la liberación basado en los métodos de Bottari.

El modelo de diez pasos de Bottari es tranquilo, pastoral, amoroso y no humilla a la persona. Es la base para el modelo que usamos en todas nuestras cruzadas y conferencias y en nuestros viajes internacionales de ministración con gran éxito.

A medida que examinemos este modelo en el siguiente capítulo, tenga en mente que estas guías le brindan información, pero como Bottari, su habilidad para ministrar liberación también se desarrollará a lo largo del tiempo con la experiencia. Hemos descubierto que las guías provistas en este modelo pueden ser usadas eficazmente sin importar que esté ministrando en un lugar grande como un congreso o una cruzada, en una iglesia pequeña o uno a uno.

Capítulo 13

GUÍA PARA MINISTRAR LIBERACIÓN

ORAR POR LIBERACIÓN ES ALGO QUE SE DEBE hacer con ánimo, aceptación y amor. Para liberar a alguien, los demonios tienen que ser echados fuera y las puertas de acceso cerradas para evitar el retorno de los espíritus malignos. Las puertas de acceso pueden haber sido abiertas por heridas, pecados y falta de perdón y permanecerán abiertas si estos sentimientos no son tratado de una manera esperanzadora y amorosa.

La persona es la prioridad

Cuando ministramos liberación, estamos ministrando a una persona, no al demonio. Cuando ministre, aconseje a la persona con el fin de hacer salir la verdad. Ministre tranquilamente, evitando demostraciones llamativas de guerra. A Satanás le encanta montar un espectáculo y tratará de humillar y atormentar en medio de la liberación. Queremos robarle toda oportunidad de hacerlo. Bottari enseña: "¡La liberación no se trata de gritar! Está enfocada en descubrir lo que le está dando autoridad al enemigo para permanecer en la vida de una persona".[1]

Siempre dele prioridad al individuo. Reconozca y sea sensible al hecho de que la persona por la que usted está orando quizá haya perdido la esperanza de ser liberada después de haber pasado tantos años en cautiverio. Permanezca fiel, firme y consolador. Brinde un ambiente amoroso y tranquilo para la liberación. La liberación puede ser un proceso largo. No trate de acelerarlo.

CÓMO TOMAR AUTORIDAD SOBRE LAS MANIFESTACIONES

El siguiente paso en ministrar liberación tiene que ver con reconocer la manifestación de los espíritus. Si se manifiesta un espíritu, ordénele que guarde silencio y que se someta a usted "en el nombre de Jesús". Usted toma autoridad sobre un espíritu cuando le ordena que se someta en el nombre de Jesús. Si la persona por la que está orando no parece comprender las circunstancias, asegúrele que usted le está hablando al espíritu que se está manifestando.

Usted debe ser persistente, ya que toma tiempo dominar un espíritu. Finalmente se debe someter, así que mantenga la fe. El Dr. Epperson dice que los demonios tienden a saber qué tanta fe tiene usted, así como los perros saben que usted tiene miedo. Asegúrese de no excitar al espíritu a través de tocar a la persona en cautiverio o de hablar en voz alta. Su meta es acallar al espíritu, no excitarlo.

Asegúrese de que establezca y mantenga comunicación con la persona a la que está ministrando. Permanezca calmado y amoroso. Anime a la persona. Pregúntele si lo puede escuchar. Si no lo puede escuchar o responderle cuando se le pide que haga algo, es probable que esté presente otro espíritu y usted debe tomar autoridad sobre él en el nombre de Jesús.

El espíritu quizá se manifiesta haciendo que la persona por la que usted está orando gruña, gimotee, discuta, amenace o se contorsione. No le hable al espíritu excepto para ordenarle que se someta en el nombre de Jesús. La ministración se debe llevar a cabo en un lugar tranquilo donde haya pocas distracciones. Mantenga la autoridad y comuníquese claramente.

Cómo determinar la sinceridad

Una vez que haya tranquilizado a los espíritus que se estén manifestando y haya establecido comunicación con la persona, es momento de preguntarle a la persona si quiere ser libre y determinar si es sincera en su petición de ser liberada. Debe ser sincera o el cautiverio puede volver y es probable que lo haga. Si usted descubre que la persona no quiere liberación y quiere continuar con el estilo de vida que la mantiene en cautiverio, no ore por liberación. Brinde amor y ánimo y termine la sesión hasta que la persona verdaderamente desee ser liberada.

QUE ACEPTE A JESÚS COMO SEÑOR Y SALVADOR

Si la persona es sincera y honestamente desea ser liberada, entonces es tiempo de preguntarle si ha aceptado a Jesús como su Señor y Salvador. Esto es importante porque si es creyente, el Espíritu Santo la ayudará a mantenerse libre. Si no es creyente, el cautiverio podría volver y es probable que lo haga. Si no es creyente, ofrézcase para guiarla a Cristo. Si no puede lograrlo, entonces bendiga a la persona y aliéntela a que continúe considerando aceptar a Jesús como Señor.

Si la persona por la que usted está orando verdaderamente quiere ser liberada y es un creyente que ha aceptado a Jesús, entonces usted está listo para proseguir con la fase de la entrevista. En esta fase usted tratará de explorar lo que ha llevado a la persona al cautiverio a través de revelar puertas de acceso a través de las que el enemigo haya entrado a la vida de la persona.

LA FASE DE LA ENTREVISTA

Comience el proceso de la entrevista con preguntas acerca de sus relaciones, específicamente acerca de la madre y el padre de la persona y continúe a partir de allí. Busque áreas en las que el perdón pueda ser necesario, donde el arrepentimiento pueda ayudar a romper la atadura. Busque heridas, pecados, sentimientos de rechazo o temor. Busque conocer más sobre cómo eran los padres de la persona. Haga preguntas como: "¿Cómo se trataban entres sí?".

Las heridas que sean reveladas necesitan ser reconocidas y perdonadas. Considere si hay una maldición involucrada si la persona tiene una dificultad persistente en un aspecto de la vida. También, recuerde que el temor es un punto de entrada para muchos espíritus diferentes y un problema subyacente en muchas enfermedades. No excite a los demonios. Manténgalos en silencio.

Busque puertas abiertas que provengan de aspectos como sexo, trauma, adicción, maldiciones, emociones, enfermedades u ocultismo. No se apresure en este proceso; sea paciente, buscando manifestaciones demoníacas y las puertas abierta por las que están entrando.

Cierre las puertas

Cuando sienta que el Espíritu Santo ha revelado todo, usted está listo para comenzar a cerrar las puertas abiertas. Si es posible durante el proceso de la entrevista, haga que alguien más anote todas la puertas que necesitan cerrarse. Recuerde, solamente una persona deberá ministrar liberación. El resto de los miembros del equipo deberán orar silenciosamente.

Cuando crea que ha determinado las puertas abiertas que haya, es momento de comenzar el proceso de cerrar esas puertas. Busque cerrar *todas* las puertas, sin dejar algo abierto a la opresión.

El proceso de cerrar puertas siempre comienza con el perdón.[2] Más que preguntarle a la persona a quién necesita perdonar, pregúntele qué heridas tiene. Comience guiando a la persona a perdonar a todos los que la hayan herido. Es importante ser específico. Como con frecuencia puede ser doloroso revivir heridas pasadas, brinde consuelo, esperanza, protección y amor. Cuando cada herida haya sido perdonada, pídale a la persona por la que está orando que abra su mente a cualquier otra herida que el Espíritu Santo todavía le quiera mostrar.

Después de que todas las heridas hayan sido reveladas y perdonadas, lleve a la persona a soltar a todas y a cada una de las personas que la hayan lastimado, y que se las entregue a Dios. Si la persona por la que está orando no es capaz de perdonar, no prosiga con la liberación; el perdón debe ser dado con el fin de ser recibido. El cautiverio solamente puede ser roto cuando se extiende el perdón.

Perdón de los pecados

Si la persona puede perdonar a otros, entonces está lista para dar el paso siguiente, que es buscar el perdón de sus propios pecados. Los sentimientos como la ansiedad, el enojo, el resentimiento o el orgullo o soberbia deben ser tratados porque son puertas abiertas para la opresión. Si alguno de estos sentimientos está presente, pídale a la persona que se arrepienta y le entregue estos sentimientos a Dios. Ella recibirá perdón a través de este proceso de confesión y arrepentimiento.

Renunciar a yugos y romperlos

Una vez que haya terminado la fase del perdón, es tiempo de guiar a la persona a renunciar en el nombre de Jesús a todos los pecados o espíritus involucrados. Este es el momento en el que deben renunciar a todos los compañeros sexuales fuera del matrimonio; y se debe renunciar a todo voto interno, pacto o maldición y romperlos. La renuncia debe ser audible y pronunciada con firmeza; la renuncia no es una oración a Dios sino una orden hablada al enemigo.

Permanezca siendo persistente y paciente a medida que cierra todas las puertas que podrían llevar a cautiverio futuro. La persona que esté ministrando liberación deberá romper el yugo de esclavitud y el poder de cualquier espíritu. Esto cierra la puerta. Declare, por ejemplo: "En el nombre de Jesús rompo el poder del espíritu(s) de [mencione el nombre del espíritu(s)] sobre [mencione el nombre de la persona] para que cuando sean echados fuera no vuelvan".

Eche fuera los espíritus

Usted ahora está listo para echar fuera espíritus malignos. Algunas veces una persona indicará que el espíritu se está yendo a través de eructar, bostezar, sacudirse o estremecerse. Si la persona por la que está orando se le comienza a manifestar un espíritu o está tensa en alguna manera, es probable que no se hayan cerrado todas las puertas. Pídale al Espíritu Santo su ayuda. Revise con la persona y pregúntele si hay puertas todavía abiertas. Es probable que ella sepa. Si hay puertas todavía abiertas, deténgase y busque cerrar todas las puertas antes de comenzar a echar fuera espíritus malignos.

INVITE AL ESPÍRITU SANTO

El último paso en liberación es pedirle a la persona que ore que el Espíritu Santo venga y llene todos los lugares que fueron ocupados por espíritus malignos. Este es un paso importante. Si el Espíritu Santo no es invitado a llenar los lugares que fueron ocupados por espíritus malignos, entonces el enemigo podrá volver a esos lugares y lo hará, con frecuencia con mayor fuerza que antes.[3]

Cuando sienta la seguridad de que todas las puertas ya se encuentran cerradas, entonces usted está listo para guiar al que fue liberado en alabanza y acción de gracias a Jesús por su liberación. Este es un tiempo gozoso. Únase a la persona con su propio agradecimiento y alabanza.

Seguimiento

Aunque una persona haya sido liberada, podría requerirse más sanidad en las relaciones o en otras áreas. John Wimber en una ocasión me remarcó que la liberación es la parte fácil. La parte difícil es ayudar a la persona a mantenerse libre y a entrar en un estilo de vida saludable en sus relaciones.

Aliente a la persona que ha sido liberada a continuar buscando oración y consejería de ser necesario. También aliéntela a caminar en una manera espiritualmente sana a través de leer su Biblia y participar en comunión cristiana, lo cual le ayudará a cambiar los viejos hábitos de su estilo de vida.

Vivir en libertad

Cualquier herida que surja deberá ser reconocida, perdonada y entregada a Dios de inmediato para que las puertas de acceso no puedan ser abiertas. Explíquele que alabar a Dios y orar en su lenguaje de oración mantendrá las puertas de acceso cerradas y que la libertad se puede mantener si permiten que Jesús entre a cada área de su vida. Anímelos a pedirle al Espíritu Santo que venga y que los llena diariamente. Si están dispuestos a responsabilizarse por sus pensamientos y a caminar en perdón, pueden permanecer libres.

Caminar en perdón debe llegar a ser el estilo de vida de

cada creyente que desee mantenerse libre de ataduras. El perdón es una decisión, no un sentimiento. Podemos perdonar incluso cuando no sentimos perdonar. Nuestro espíritu puede gobernar sobre nuestras emociones. Algunas veces el perdón es un proceso y no solo un suceso único. Es probable que necesitemos perdonar a la misma persona muchas veces. Esta no es una señal de que el ministerio de liberación fue un fracaso. Es una parte normal de la condición humana. El perdón nos conviene.

Siempre hay maneras en las que la gente puede cambiar patrones cruciales que han sido destructivos en su vida, reemplazándolos con hábitos santos. Pueden desarrollar el hábito de alabar a Dios a través de cantar o escuchar música de alabanza, continuamente agradeciéndole por liberarlos.

Aprender a tomar autoridad sobre los espíritus tentadores en el nombre de Jesús y ordenarles que se vayan es otro hábito valioso que cultivar. Si alguien cae, puede arrepentirse rápidamente y cerrar cualquier puerta que haya sido reabierta. Si Satanás, el acusador de los hermanos trata de atormentar a la persona recordándole que es una pecadora, ella puede responder: "Tienes razón, Satanás. ¡Solo mira de lo que me ha perdonado Jesús!".

Al cultivar una relación con el Espíritu Santo, cada creyente puede aprender cómo caminar en la luz. Mi amigo Rodney Hogue, en su libro *Forgiveness* [Perdón] sucintamente examina el tema de reconstruir la vida con una fortaleza de compasión. Rodney explica por qué y cómo la compasión es la fortaleza de justicia que nos da el poder de sostener el perdón y mantenernos libres.[4]

Es la voluntad de Dios para nosotros que aprendamos a caminar en perdón[5] porque un corazón vestido de amor y humildad está protegido contra ser ofendido. Así como hemos sido perdonados, debemos aprender a perdonar.[6]

Algunas personas podrían necesitar un seguimiento extenso con el fin de ser libres de decisiones y hábitos de su estilo de vida que han venido sobre ellas como resultado de infestación o posesión demoníaca. Esto es especialmente cierto en aquellos que estuvieron involucrados en actividades satánicas. El proceso puede ser complejo y consumir tiempo y debería ser llevado por un consejero entrenado que sea hábil en la consejería posterior a la liberación. Esté al tanto de que quizá la persona requiera el fuerte apoyo de su familia y amigos durante este proceso.

Hacerse parte de una célula o pequeño grupo de apoyo cristiano es un paso importante que aumentará su libertad y le ayudará a continuar creciendo en Cristo, y en el proceso de santificación.

Dinámicas del equipo de liberación

Es importante que los de nosotros que ministramos liberación estemos libres de cualquier influencia impía o demoníaca y que el equipo ministerial esté en unidad. Si no somos libres, podría comenzar a manifestarse un demonio en nosotros al tratar de ministrarle liberación a otros.

Conozco a un matrimonio de Mozambique que opera en un fuerte ministerio de liberación. La gente, de hecho, se forma afuera de su casa y espera por horas o días si la pareja no está en casa para recibir liberación. Han tenido momentos en los que durante la liberación, los del equipo de ministración no eran libres y se les comenzó a manifestar un demonio en maneras atemorizantes y peligrosas, como tratar de echarse por la ventana de un segundo piso o desvestirse. Como ya he dicho, al enemigo no le gusta jugar limpio; él aprovechará cada oportunidad para robar, matar y destruir.

En 2001 estaba dirigiendo un equipo en Brasil. Nuestra última parada era el pequeño pueblo de Santarém en el norte de Brasil. Tom Hauser narra esta historia en su libro *Breaking Free* [Liberado],[7] y quiero compartirla aquí con usted como la recuerdo porque ilustra la necesidad tanto de la unidad del equipo como de que todos estemos "limpios" antes de ministrar liberación.

No sabíamos a lo que nos íbamos a enfrentar cuando llegamos a Santarém. La opresión que cubría la ciudad era palpable. La gente estaba en medio de celebrar el Festival de los Delfines. Las conductas sexuales inmorales formaban gran parte de la celebración. ¡Había personas incluso teniendo sexo en los terrenos del hotel cuando llegamos!

Las personas creían que durante el Festival de los Delfines, los delfines se manifestaban como hombres y tenían sexo con mujeres. El tiempo del festival se traducía en sexo libre. Este tipo de conducta a lo largo de los años había dejado a la ciudad quebrantada y oprimida. Esa era la atmósfera en la que nos encontrábamos.

Tom Hauser discernió que la mejor manera de comenzar a tratar con la situación era confrontarla durante la primera noche de ministración. Yo iba a dirigir el servicio esa noche, y el plan era que yo confrontara lo demoníaco a través de tomar autoridad sobre los espíritus.

Cuando reunimos al equipo para orar antes del servicio, se volvió evidente que no estábamos en unidad. Algunos de los miembros de nuestro equipo comenzaron a discutir. Tom los pudo dirigir a todos a perdonar excepto a una mujer que no podía soltar su enojo. Cuando terminó la adoración, me levanté como estaba planeado y, tomando autoridad, até la brujería. De inmediato hubo personas que cayeron al piso y se les comenzaron a manifestar demonios. Era como una zona de guerra.

A medida que nuestro equipo comenzó a ministrar, la mujer del equipo que no había podido perdonar fue acosada por un espíritu atormentador y se desmayó. Entonces otro de los miembros del equipo quedó abrumado por el temor. La falta de perdón y la falta de unidad habían abierto una puerta para que lo demoníaco entrara y atacara a nuestro equipo. Comencé a ministrarle a la miembro del equipo que se había desmayado y la mujer a la que ella no había podido perdonar se me unió. Juntos quebramos el poder del espíritu atormentador.

Esta experiencia se convirtió en la base del entrenamiento de nuestros equipos en la importancia de ser "limpiados" y estar en unidad. Enseño la unidad en mi Escuela de Poder de Sanidad e Impartición y Tom Hauser la enseña en su ministerio. Hoy día Santarém es una ciudad diferente. La iglesia del pastor Abe Huber cuenta con más de 50 mil personas que se reúnen en células alrededor de la ciudad. Una vez al mes los nuevos convertidos participan en un retiro en el cual reciben sanidad interior y liberación, y son llenos del Espíritu Santo.

Después de la liberación

Los que estén involucrados en el ministerio de liberación deberían hacerse el hábito de cubrirse a sí mismos y a los miembros de su familia con la sangre de Jesús y de ponerse toda la armadura de Dios. Después de ministrar a los endemoniados, tómese el tiempo de sacudirse cualquier residuo de los encuentros. Pídale al Señor que lo lave llevándose toda contaminación de usted, que cancele cualquier asignación del infierno y que suelte asignaciones del cielo sobre usted y su equipo. Pídale que mantenga su mente pura, que guarde sus emociones, proteja su cuerpo y bendiga a los que lo maldigan.

Sobre hablar con los demonios

Cuando estábamos ministrando una noche en Belém, Brasil, con el equipo de Global, encontramos demonios que trataron de hablar con nosotros.[8] Estábamos ministrando a una joven. Había nacido en una familia que practicaba la brujería de macumba, y fue forzada a prostituirse desde muy chica. Tenía solamente quince años cuando vino a nuestro servicio para recibir liberación. Su rostro se veía atormentado.

Cuando comencé a ministrarla a través de un intérprete, ella cayó al piso gritando y vomitando sangre. Nos enteramos de que esto no es inusual en aquellos que han comido alimentos sacrificados a los ídolos durante los rituales de macumba. Le preguntamos si quería ser libre de la opresión demoníaca y aceptar a Jesucristo como su Señor y Salvador. Ella estuvo de acuerdo e hicimos arreglos para su regreso al ministerio de liberación al día siguiente.

Ella llegó al día siguiente, y a medida que el equipo se reunió a su alrededor comenzó la ministración, los demonios comenzaron a atormentarla severamente, asfixiándola hasta el punto en que no podía hablar. Como no podía confesar sus pecados y pedir perdón, le preguntamos al Espíritu Santo qué hacer, y nos dijo que usáramos el "combate mano a mano". Sabiendo que teníamos una batalla en nuestras manos, los siete de nosotros enlazamos nuestros brazos en el Espíritu y comenzamos a echar fuera todo lo que el Espíritu Santo traía a nuestra mente.

Tuve que alejarme, pero durante las tres o cuatro horas que nuestro equipo le ministró, ella tuvo manifestaciones bastante extrañas. Muchos encuentran esto difícil de creer, pero en cierto punto ella se elevó del suelo como una tabla aunque varios miembros del equipo estaban sentados sobre ella. Entonces los demonios comenzaron a hablar con ellos.

En una clara y alta voz y en perfecto inglés uno de ellos le habló a un miembro del equipo llamado Mark y le dijo: "Te voy a matar". Sabíamos que no podía haber sido la joven a la que estábamos ministrando porque solamente hablaba portugués. Ignoramos al demonio, y por la dirección del Espíritu Santo oramos en lenguas durante un largo periodo, después de lo cual el demonio habló de nuevo diciendo: "¡Se está poniendo caliente aquí dentro!".

Pensando en que el fuego del Espíritu Santo estaba literalmente quemándolos para sacarlos, proseguimos, orando en lenguas hasta que los demonios la dejaron. Al salir dijeron: "¡Nos vamos!". Esta joven mujer fue liberada, y cuando la vi al día siguiente ella se veía y actuaba como una niña normal de quince años.

No creo que debamos hablar con los demonios durante la liberación. Creo que este concepto de que debemos dirigirnos al demonio proviene de mal entender la Escritura. En Marcos 5 la Palabra dice:

> Cuando vio a Jesús desde lejos, corrió y se postró delante de él.
> —¿Por qué te entrometes, Jesús, Hijo del Dios Altísimo? —gritó con fuerza—. ¡Te ruego por Dios que no me atormentes!
> Es que Jesús le había dicho: "¡Sal de este hombre, espíritu maligno!".
> —Marcos 5:6-8

En este versículo es el demonio el que le está hablando a Jesús y no el endemoniado. Jesús ya había discernido el espíritu maligno en el hombre y le ordenó que saliera. Entonces, en el versículo 9, leemos:

> —¿Cómo te llamas? —le preguntó Jesús. —Me llamo Legión —respondió—, porque somos muchos.

Aquí es donde creo que yace mucho de la confusión. Muchos interpretan que esto significa que Jesús se está dirigiendo al demonio al preguntarle su nombre. No creo que Jesús haya estado iniciado un diálogo con el espíritu maligno. Creo que le estaba preguntando su nombre al hombre, y el espíritu demoníaco le respondió. Algunos modelos de liberación enseñan que debemos conocer el nombre del demonio con el fin de tomar autoridad sobre él. Esto no es lo que enseño porque, según la Biblia, ya tenemos autoridad sobre los demonios.[9]

El ministerio de liberación no siempre se ha caracterizado

por cordura o equilibrio. Las guías y los métodos pueden ayudar a traer equilibrio, y depende de nosotros los que entrenamos y ministramos liberación que lo hagamos con la máxima compasión e integridad, usando la Escritura como nuestra base. Los *charismata* son dados para facultarnos para cumplir la Gran Comisión. Debemos ejercitarlos con humildad y amor a medida que nosotros como Iglesia hagamos avanzar el Reino de Dios en el mundo. ¡Todavía hay mucho que hacer!

Capítulo 14

AVANCE

Tengo el privilegio de viajar por el mundo para llevarle a la gente el mensaje del poder y la autoridad que le han sido dados a todos los creyentes por la obra consumada de Jesús en la cruz. He sido testigo de primera mano cómo el Reino de Dios hace retroceder los poderes de las tinieblas a través de individuos ordinarios. La autoridad para liberación no solamente está disponible para unos pocos escogidos en la Iglesia. Está disponible para todos los creyentes. La liberación es el pan de los hijos, una realidad del Nuevo Testamento ganada para nosotros por Jesús en la cruz.

Anhelo ver a toda la Iglesia venir a un entendimiento pleno del ministerio de liberación. Jesús vino a liberar a los cautivos y nos comisionó para continuar su obra en su nombre. El avance de su Reino involucra un continuo "apertura de la cárcel" para personas que han sido apresadas por el diablo. Cuando la gente es liberada de enredarse con el enemigo, pueden entrar en la plenitud de quien Dios quería que fueran.

Avance

LA GRAN NECESIDAD DE LIBERACIÓN

Mucha de la Iglesia de hoy languidece; es impotente—atrapada en la teología que relega el poder de Dios al pasado distante o al reino futuro del milenio o a la consumación del Reino de Dios—con poco énfasis colocado sobre el poder actual de Dios. A Satanás le gustaría mantener a la Iglesia en esta posición impotente todo el tiempo que pueda, porque cuando recobremos nuestro poder, él rápidamente se encontrará con pocos lugares donde esconderse.

La Iglesia en sus inicios se movía en este poder. Fue el poder—con los milagros, señales y maravillas que lo acompañan—lo que construyó la Iglesia. Al ser confrontados con el poder de Dios para sanar a los enfermos, resucitar a los muertos y liberar a los cautivos, los incrédulos abandonaban sus prácticas paganas por el mensaje del evangelio.[1] Ese mismo poder está disponible a todos los creyentes de hoy.

El poder del Espíritu Santo y toda la autoridad de Jesucristo[2] están disponibles para nosotros como creyentes hoy. Pero con mucha frecuencia fallamos en comprender quiénes somos. Fallamos en entender nuestra identidad en Cristo porque la Iglesia no nos ha enseñado quienes somos. Muchos en liderazgo en la Iglesia hoy no entienden ellos mismos la identidad del creyente y por esto no se lo pueden enseñar a su grey.

El Dr. Pablo Deiros compartió conmigo en 1996 cómo Dios le subrayó la gran necesidad de liberación dentro de la Iglesia, comenzando con el liderazgo. Le estaba ministrando liberación a un misionero bautista del sur quien había estado en el campo durante cuarenta años. El hombre y su esposa habían batallado durante años con los pecados del marido, los cuales estaban evitando que sirviera al Señor con libertad.

No podían vivir en la plenitud de Cristo o fluir en el poder del Espíritu Santo a causa de su pecado. El hombre evitaba situaciones en las que tuviera que ministrar en el poder del Espíritu porque siempre que había tratado de ministrar de esa manera, el diablo había venido a recordarle su propio pecado.

El encuentro abrió los ojos del Dr. Deiros a la gran necesidad de la Iglesia por liberación en los ministros y sus cónyuges. Calcula que en Argentina el 80 por ciento de los pastores fueron violados o fueron víctimas de abuso infantil, con las estadísticas un poco mayor para las mujeres pastoras. Encontró estadísticas similares al ministrar en Chile.

¿Cómo puede crecer la Iglesia y ser renovada y llena del Espíritu Santo y de los dones del Espíritu si su liderazgo está batallando bajo tal carga? El Señor quiere limpiar y embellecer a su novia, y debe comenzar con el liderazgo. Las ovejas de la grey no pueden ser sanadas y liberadas si sus líderes no están caminando en libertad.

Avance

El Dr. Deiros estableció clínicas para suplir la necesidad de sanidad y liberación de los ministros; y vinieron por los cientos a ser sanados y restaurados para que pudieran regresar a sus iglesias con una nueva visión y motivación. No solamente eran liberados, sino que también eran entrenados en liberación para que pudieran llevarla de vuelta a sus iglesias. El Dr. Deiros y su equipo también trajeron estas clínicas a Chile y a Estados Unidos.

Otra cosa que surgió de su conciencia de la necesidad de capacitación fueron los muchos programas que fueron instituidos en las iglesias locales de Argentina para entrenar a los legos en el ministerio de liberación. Así como entrenamos a los ministros y a los legos en Estados Unidos en aspectos como evangelismo, predicación y enseñanza, así ellos entrenan a los ministros y a los legos en Argentina sobre cómo ministrar liberación.

En muchas iglesias en Argentina uno puede encontrar equipos bien entrenados de hombres y mujeres listos para auxiliar a las personas que tengan alguna manifestación. Si alguien comienza a tener una manifestación demoníaca en un servicio regular de la iglesia, los ujieres o edecanes saben cómo manejar la situación de inmediato. En silencio acompañan a la persona fuera del santuario a un lugar privado donde la están esperando consejeros entrenados.

Es una parte normal de la vida de la iglesia; tan normal como recolectar la ofrenda. La gente de la congregación no se sorprende ni se perturba porque confían en que la situación será manejada con tacto, respeto y amor porque han llegado a comprender el valor de la liberación.

Después de que los discípulos fueron "envestidos" por el Espíritu en Pentecostés, salieron de Jerusalén y, en el poder el Espíritu, llevaron las buenas nuevas al mundo, haciendo retroceder la obra del diablo con el Reino de Dios. Podemos hacer lo mismo hoy.

En el Nuevo Testamento encontramos a Pablo enfrentando a un hechicero. Observe que no vadeó a la batalla desarmado. Estaba lleno del Espíritu Santo:

> Entonces Saulo, o sea Pablo, lleno del Espíritu Santo, clavó los ojos en Elimas y le dijo: "¡Hijo del diablo y enemigo de toda justicia, lleno de todo tipo de engaño y de fraude! ¿Nunca dejarás de torcer los caminos rectos del Señor? Ahora la mano del Señor está contra ti; vas a quedarte ciego y por algún tiempo no podrás ver la luz del sol." Al instante cayeron sobre él sombra y oscuridad, y comenzó a buscar a tientas quien lo llevara de la mano.
> —HECHOS 13:9-11

En este pasaje Pablo se dirige al hechicero para que pudiera comprender la verdad del evangelio y también está abordando al demonio. Sus palabras son duras, pero este es un encuentro de poder con el enemigo. Note que la

Escritura nos dice que la ceguera era sólo temporera. Sin embargo, el final de esta historia no es hostil. Es una expresión del amor de Dios. Así como la ceguera de Saulo (Pablo) dio lugar a él venir a una comprensión de la verdad de quién es Jesús, de la misma manera el gobernador de esta historia es traído a la luz. "Al ver lo sucedido, el gobernador creyó, maravillado de la enseñanza acerca del Señor" (Hechos 13:12).

LA LIBERACIÓN: UNA EXPRESIÓN DEL AMOR DE DIOS

Estamos hechos a imagen de Dios.[3] Él se deleita en nosotros. Tan grande es su amor por nosotros que envió a su único Hijo a morir en nuestro lugar. Jesús dice que somos la sal de la tierra,[4] la luz del mundo.[5] Estamos sentados con Él en regiones celestiales. Porque somos hechura de Dios, creados en Cristo Jesús para buenas obras, las cuales Dios dispuso de antemano (Efesios 2:6-7; 10).

He tenido el privilegio de aprender tanto a lo largo de los años de la liberación gracias a los que vinieron a mi lado y me enseñaron lo que significa liberar a los cautivos con el amor de Cristo. Yo creo que el ministerio de liberación es un ministerio de "amor". Darren Wilson lo llama "furioso amor" en su documental del mismo nombre acerca del poder y el amor de Dios.[6] La autoridad de Dios puede ser furiosa—veloz e intensa y enérgica—pero Él es el Dios de amor.

No se equivoque, no solamente vamos a encontrar al diablo y a sus demonios fuera de las paredes de la iglesia en un lejano país del tercer mundo. Él está activo y trabajando dentro de la Iglesia en todas partes, y necesitamos estar equipados para enfrentarlo. La liberación le pertenece a la Iglesia como parte del proceso de santificación. El ministerio de liberación no se le debería haber perdido a la Iglesia. Es una parte vital del avance del Reino de Dios, y es necesaria si vamos a caminar en libertad.

Mi amigo SoPhal Ung, un pastor camboyano, ha visto el mal de cerca muchas veces en su vida.[7] Y con la misma frecuencia ha visto al poder de Dios vencer al mal. Era un camboyano nativo, nacido de un budista en un país predominantemente budista. SoPhal vino a Cristo de joven justo cuando Camboya entró en uno de los más oscuros periodos de su historia. El genocidio a la par del Holocausto desoló Camboya, dejando al país sangrando y quebrantado. En medio del mal más inimaginable la luz de Dios hizo retroceder las tinieblas en Camboya a través de personas como SoPhal que se pararon firmes en la autoridad de Cristo todos los días poniendo sus vidas en riesgo.

SoPhal soportó ser encarcelado, tortura, hambre y experiencias cercanas a la muerte en lugares tan oscuros y profundos que le era casi imposible imaginar cómo la luz de Cristo podía encontrarlo. No obstante lo hacía.

En su momento más oscuro, recordó la historia de Pablo y Silas cantando en la prisión así que el también cantó y predicó en la oscuridad. Los que estaban a su alrededor comenzaron a cantar con él. A lo largo del tiempo cada persona en esa sucia prisión le dio su vida a Cristo antes de morir. De los cientos que fueron apresados con SoPhal, todos excepto dos, murieron. El cielo está poblado hoy con esos queridos hermanos porque un hombre entendió la autoridad de Jesucristo para todos los creyentes.

La Biblia nos dice que Satanás está acabado[8] y que el fuego de Dios descenderá del cielo y consumirá al diablo y sus demonios incluso mientras vayan marchando a lo largo de la anchura de la tierra y rodeen el campamento del pueblo de Dios. Hasta el glorioso retorno de Cristo, debemos recordar que el que está en nosotros es más poderoso que el que está en el mundo,[9] porque somos más que vencedores por medio de Cristo Jesús.

EPÍLOGO

Quiero terminar este libro sobre el ministerio de liberación trayendo nuestro enfoque de vuelta a Jesús, nuestro liberador. Satanás y sus demonios saben exactamente quién es Jesús y nosotros también debemos saberlo. Nacido como Dios en la carne en un mundo que entendía y exigía un rey terrenal, uno que los gobernara a todos, Jesús vino como nuestro Rey celestial, trayendo con Él el cielo a la tierra.

Este libro como la mayoría de los libros en el ministerio de liberación se ha enfocado bastante en una comprensión de Satanás. Los llamados al ministerio de liberación deben tener un entendimiento firme de quién es Satanás y las muchas maneras en las que opera con el fin de ministrar con eficacia. Pero no es nuestro conocimiento sobre Satanás o lo hábiles que seamos para aplicarlo lo que les llevamos a los que están batallando, atrapados en la red de engaño y destrucción de Satanás. Cuando miremos el rostro de los que ministremos, debemos ofrecerles a Jesús, nuestro liberador, porque no hay otro que pueda traer libertad del cautiverio de Satanás excepto nuestro Rey que no tiene rival: Jesucristo. Cuando hacemos brillar la luz de

Epílogo

Cristo en la oscuridad del cautiverio y el desaliento, su luz vence todas las tinieblas. Comprender a nuestro enemigo es clave para la batalla, pero entender al que trae la victoria es la manera en que se gana la batalla.

El mundo estaba hirviendo en agitación, violencia, brutalidad y tinieblas cuando Jesús apareció en escena. El pueblo escogido de Dios, los judíos, habían estado anhelando al Mesías prometido por los profetas durante siglos. Este Mesías los liberaría de sus enemigos y establecería su Reino, y el pueblo de Dios podría encontrar seguridad y prosperidad en este reino terrenal. El profeta Isaías habló de uno que vendaría al quebrantado de corazón, proclamaría libertad a los cautivos y a los presos libertad de la oscuridad.[1] Sus palabras encontraron oídos en el pueblo judío que había luchado bajo el yugo de cautividad y opresión por generaciones. No entendían que Isaías estaba profetizando de un Rey celestial cuyo gobierno desde el cielo cambiaría a la tierra.

En la época del nacimiento de Jesús, el pueblo judío estaba bajo el control del Imperio Romano y era gobernado por Herodes el Grande. Él era la mano derecha cruel y despiadada de Augusto César, la brutalidad de Herodes no conocía límite. Las ejecuciones eran comunes y numerosas e incluyeron a la misma esposa de Herodes quien fue ejecutada bajo sus órdenes, así como a dos de sus hijos. La vida humana tenía poco valor. El sacrificio humano era raro, pero todavía se practicaba en ocasiones con propósitos espirituales.

Cada aspecto de la vida judía fue impactada por el gobierno romano. Luchando poderosamente para seguir siendo el pueblo de Dios, la oposición nacionalista judía tomó muchas formas. El movimiento de los zelotes se oponía a todo lo que fuera romano, mientras que los saduceos procuraban la coexistencia y los romanos les permitían tener el gobierno interno de la nación judía. Los fariseos practicaban la adherencia estricta a la ley judía con la esperanza de apresurar la venida del muy esperado Mesías.

La cultura alrededor del pueblo judío era pluralista religiosamente. Los romanos y los griegos adoraban múltiples dioses y cundía el paganismo. La ciudad de Corinto, como muchas ciudades importantes de la región, bullía con inmoralidad sin límite. Los templos dedicados a los dioses griegos llenaban Corinto. Los que adoraban a Afrodita la diosa del amor, practicaban la prostitución en el nombre de la religión, con cientos de prostitutas "sagradas" sirviendo en el templo.

En este contexto el pueblo judío anhelaba a su Mesías, el rey conquistador quien los liberaría del gobierno romano y establecería justicia y paz. Dios les trajo al Mesías prometido, pero el nacimiento, la vida, la muerte y la resurrección de Jesús fueron tan diferentes a lo que habían esperado que fallaron en reconocerlo. El Rey conquistador con una espada en la mano y un trono sobre el cual sentarse no se materializaron en Nazaret en las maneras que el pueblo esperaba.

Cristo el Liberador

El mundo en la época del nacimiento de Jesús no era distinto del mundo de hoy. La corrupción, la inmoralidad, la codicia, la lujuria, la brutalidad y la ausencia de Dios todavía vive en los corazones de los hombres. Y muchos de nosotros fallamos en ver que nuestro Mesías prometido ha venido.

Creo que es en el ministerio de sanidad y liberación que somos más capaces de ver a Jesús hoy. Es cuando los ciegos ven, los cojos andan, los sordos escuchan y los muertos son resucitados que vemos a Jesús traer su Reino a la tierra, así como el ministerio a los pobres hecho en su nombre. Cuando los demonios son echados fuera de una persona en el nombre de Jesús, y esa persona es restaurada a su sano juicio y capaz de vivir como Dios la creó que viviera, estamos viendo a Jesús blandiendo su espada desde su trono a la diestra de Dios.

Cuando ministramos liberación en la autoridad de Jesucristo, la esclavitud espiritual le da lugar al Reino de los cielos porque Satanás y sus demonios saben que toda la autoridad en el reino espiritual descansa en Jesucristo y en Él solamente.[2] Y Jesús mismo nos comisiona con esta autoridad.[3] Fuera de Jesús no podemos dar ningún fruto.[4]

Después de su tentación en el desierto, Jesús regresó a Nazaret, a la sinagoga, en día de reposo. Le entregaron el rollo del profeta Isaías cuando se puso de pie para leer. Con las palabras de Isaías 61 declaró su identidad: "El Espíritu del Señor omnipotente está sobre mí, por cuanto me ha ungido para anunciar buenas nuevas a los pobres. Me ha enviado a sanar los corazones heridos, a proclamar liberación a los cautivos y libertad a los prisioneros, a pregonar el año del favor del Señor" (vv. 1-2).

El pueblo que andaba en la oscuridad vio una gran luz. Porque nos nació un niño, se nos concedió un hijo. Y la soberanía reposaría sobre *sus* hombros. Y se le darían estos nombres: Consejero admirable, Dios fuerte, Padre eterno, Príncipe de paz. Se extenderán su soberanía y su paz, y no tendrán fin, y gobernaría con justicia y rectitud desde ahora y para siempre.[5]

Este es Jesús quien vio a Satanás y a sus ángeles caídos ser echados fuera del cielo.[6] Este es Jesús quien se levantó de la tumba y ascendió al cielo para sentarse a la diestra del Padre.[7] Este es Jesús quien tiene absoluto control sobre la muerte y el infierno a través de su resurrección.[8] Este es el Jesús de los Evangelios quien anduvo sanando y liberando. Las tormentas fueron calmadas en su presencia, los alimentos multiplicados y el agua convertida en vino. La lepra, la parálisis, la hemorragia, la ceguera, la sordera y los miembros secos fueron sanados. Los muertos fueron resucitados. Los demonios huyeron a sus órdenes. Los

Epílogo

cautivos por los demonios fueron liberados por la palabra de su boca.

Este es el Jesús del evangelio que Pablo proclamó, el Jesús que, "...desarmó a los poderes y a las potestades, y por medio de Cristo los humilló en público al exhibirlos en su desfile triunfal" (Colosenses 2:15).

Los poderes y las potestades aquí se refiere a poderes y potestades malignas. El espectáculo público se refiere la manera en que los generales romanos a menudo regresaban a Roma como conquistadores después de la batalla. Cuando era posible arrastraban al general derrotado del ejército enemigo con las manos atadas a su carro, despojado de toda su vestimenta de gala, desnudo y exponiéndolo a la humillación pública como el derrotado. A esta imagen es que Pablo hace referencia en Colosenses 2:15. Jesús es el general conquistador del ejército celestial del Señor, que supera a los demonios caídos dos a uno. Él es también el capitán de nuestra fe (Hebreos 2:10) y el líder de la Iglesia (Efesios 5:23).

Si usted ha ministrado sanidad y liberación, sabe que estas mismas cosas están sucediendo hoy. Jesús continúa sanando y liberando a los cautivos. A medida que la humanidad gime y es vapuleada en medio de nuestro pecado tenemos un libertador y su nombre es Jesús. El ministerio de liberación hace avanzar el Reino de Dios en el mundo, y por eso es que Satanás lucha tan duro en su contra. Ha tratado de mantener a la Iglesia atada en espasmos de confusión sobre la realidad del mal durante siglos, pero no ha tenido éxito plenamente ni lo tendrá porque Jesús está vivo.

Cuando entendemos que la libertad equivale a avance, y nos apropiamos de ese entendimiento en el ministerio, Dios nos usará para traer la realidad de su incomparable Hijo Jesucristo a los perdidos y quebrantados. Incluso una liberación puede impactar al mundo para todas las épocas. Tome por ejemplo al apóstol Pablo. Pablo experimentó liberación en medio de su conversión. Siendo un rabioso antagonista del cristianismo, con una devoción servil a la ley judía, la pasión de Saulo [Pablo] era erradicar a los seguidores de Jesús y con ello destruir a la Iglesia naciente. Salió a realizar su misión con gran celo. Aprobó la muerte de Esteban[9] y tomó parte en incitar a la multitud para que comenzara a levantarse y a perseguir a la Iglesia en Jerusalén. "Saulo, por su parte, causaba estragos en la iglesia: entrando de casa en casa, arrastraba a hombres y mujeres y los metía en la cárcel" (Hechos 8:3).

Con amenazas de muerte en sus labios salió a Damasco con cartas de autoridad para atrapar a los cristianos y llevarlos a juicio cuando de pronto, en un momento de encuentro con Jesús, la vida de Saulo fue cambiada para siempre. Llamado por nombre por sus pecados contra los creyentes, Saulo fue dejado ciego por Jesús en el camino a Damasco. Durante tres días estuvo ciego, hasta que un hombre de Dios puso sus manos sobre él en el nombre

Epílogo

de Jesús sus ojos fueron abiertos. Cuando las escamas cayeron de sus ojos físicos, lleno del Espíritu Santo, Saulo puedo ver la verdad del evangelio.

Saulo se convirtió en Pablo y la obra de edificar a la Iglesia que había comenzado con los discípulos fue extendida a este hombre quien alguna vez estuvo inclinado a su destrucción. La adherencia servil de Pablo a la ley como el camino a la salvación fue reemplazado con un conocimiento personal del Jesucristo viviente. Las cadenas espirituales que ataban a Saulo fueron rotas por el poder de Jesús, no con poder o fuerza terrenal, sino con poder celestial.

El ministerio de Pablo se caracterizó por sanidades y liberaciones a medida que iba haciendo la obra de hacer avanzar a la Iglesia a lo largo del Imperio Romano y más allá. Los milagros extraordinarios que Pablo realizó en el poder del Espíritu Santo se volvieron muy bien conocidos.[10] Tanto que comenzaron a surgir los imitadores. Los siete hijos de Esceva intentaron echar fuera demonios "En el nombre de Jesús, a quien Pablo predica...", pero los espíritus los reconocieron como impostores sin poder y no los obedecieron.[11]

Como creyentes en Jesucristo y ministros del evangelio no somos impostores. Somos los amados de Dios, y Él nos ha dado su Hijo para que ninguno perezca. Debemos ser imitadores de Cristo, llevando su Reino valientemente a esos lugares oscuros que necesitan la luz de su presencia.

Debemos ser un pueblo del nuevo pacto: "En cuanto a mí —dice el Señor —, éste es mi pacto con ellos: Mi Espíritu que está sobre ti, y mis palabras que he puesto en tus labios, no se apartarán más de ti, ni de tus hijos ni de sus descendientes, desde ahora y para siempre —dice el Señor—" (Isaías 59:21).

El segundo acto de creación de Dios después de crear los cielos y la tierra, fue traer luz a la tinieblas. Él es el Padre de las Luces y nos ha dado la luz del mundo en Jesús. "Toda buena dádiva y todo don perfecto descienden de lo alto, donde está el Padre que creó las lumbreras celestes, y que no cambia como los astros ni se mueve como las sombras. Por su propia voluntad nos hizo nacer mediante la palabra de verdad, para que fuéramos como los primeros y mejores frutos de su creación" (Santiago 1:17-18). Cuando proclamamos el evangelio a través del ministerio de sanidad y liberación estamos proclamando que toda la cosecha finalmente seguirá. Jesús es el Señor de la cosecha y a través de Él somos invitados a ser participantes.

Cuando esté ministrando sanidad y liberación a los quebrantados y a los perdidos recuerde las palabras de Heidi Baker quien dice: "El amor es semejante a algo".[12] Nos está diciendo que el amor se parece a Jesús, el siervo sufriente, el despreciado y rechazado por los hombres, varón de dolores, hecho para el sufrimiento. El que cargó con nuestras enfermedades y soportó nuestros dolores, el que fue traspasado por nuestras rebeliones, y molido por nuestras

Epílogo

iniquidades; el que llevó sobre Él mismo la iniquidad de todos nosotros para que pudiéramos ser liberados. Su amor no se deleita en la maldad sino que se regocija con la verdad, todo lo disculpa, todo lo cree, todo lo espera, todo lo soporta, jamás se extingue.[13] Este es nuestro mandato para el ministerio de liberación; no, para el ministerio de todo el evangelio, hasta que Jesús regrese.

NOTAS

Introducción

1. F. F. Bosworth, *Cristo el sanador* (Desafío, 2008), 179.
2. *Ibíd.*, 74.
3. Randy Clark, *¡Hay algo más!* (Lake Mary, FL: Casa Creación, 2013), 102.
4. *Ibíd.*, 103-104.
5. Hughes Oliphant Old, *The Shaping of the Reformed Baptismal Rite in the Sixteenth Century* [La definición del rito del bautismo reformado en el siglo dieciséis] (Grand Rapids, MI: Wm. B. Eerdmans Publishing Co., 1992). Este libro ofrece un estudio a profundidad de la historia del bautismo en los inicios de la Iglesia.
6. Laurence W. Wood, *The Meaning of Pentecost in Early Methodism* [El significado del Pentecostés en los inicios del metodismo] (Lanham, MD: Scarecrow Press, 2002), 358.
7. *Constitutions of the Holy Apostles* [Constituciones de los Santos Apóstoles] Libro VII, Sec. III: On the Instruction of Catechumens, and Their Initiation Into Baptism [Sobre la instrucción de los catecúmenos y su iniciación en el bautismo].(Kindle Edition, 2013).
8. Ryan C. MacPherson, "A History of the Baptismal Order: From the Early Church Through the Lutheran Reformation, to Contemporary Rites" [Una historia de la orden bautismal: Desde los inicios de la Iglesia hasta la Reforma luterana a los ritos contemporáneos], http://www.ryancmacpherson.com/publication-list/26-research-papers/90-a-history-of-the-baptismal-order.html (consultado el 27 de diciembre de 2014).
9. *Ibíd.*
10. Ibid.; Philip H. Pfatteicher, *Commentary on the Lutheran Book of Worship: Lutheran Liturgy in Its Ecumenical Context* [Comentario sobre el libro luterano de adoración: La liturgia luterana en su contexto ecuménico] (Minneapolis, MN: Augsburg Fortress Press, 1990), 47.
11. *El libro de oración común: Administración de los sacramentos y otros ritos y, ceremonias de la Iglesia* (The Church Pension Fund, 1982).
12. *Ibíd.*, 415-419.
13. *El libro de oración común* (The Church Pension Fund, 1982).

Notas

14. Healing of the Spirit Ministries, "About Healing of the Spirit Ministries" [Sobre los ministerios de sanidad del Espíritu] http://healingofthespirit.org/aboutus.html (consultado el 26 de diciembre de 2014).

15. Pablo Bottari, *Libres en Cristo* (Lake Mary, FL: Casa Creación, 1999), 65-139.

16. Francis MacNutt, *Deliverance From Evil Spirits* [Liberación de espíritus malignos] (Grand Rapids, MI: Chosen Books, 1995, 2009).

17. Neal Lozano, *Libertad* (Lake Mary, FL: Publicaciones Casa, 2008).

18. James W. Goll, *Deliverance From Darkness: The Essential Guide to Defeating Demonic Strongholds and Oppression* [Liberación de la oscuridad: La guía esencial para derrotar las fortalezas demoníacas y la opresión] (Grand Rapids, MI: Chosen Books, 2010).

19. Malachi Martin, *Hostage to the Devil: The Possession and Exorcism of Five Contemporary Americans* [Rehén del diablo: La posesión y exorcismo de cinco estadounidenses contemporáneos] (San Francisco: HarperSanFrancisco, 1992).

20. Walter Wink, *Naming the Powers: The Language of Power in the New Testament* [Nomine los poderes: El idioma del poder en el Nuevo Testamento] (Minneapolis, MN: Fortress Press, 1984); *Unmasking the Powers: The Invisible Forces That Determine Human Existence* [Desenmascarando los poderes: Las fuerzas invisibles que determinan la existencia humana] (Minneapolis, MN: Fortress Press, 1986); *Engaging the Powers: Discernment and Resistance in a World of Domination* [Enfrentando a los poderes: Discernimiento y resistencia en un mundo de dominación] (Minneapolis, MN: Fortress Press, 1992).

21. Museo del Genocidio Tuol Sleng; Phnom Penh, Cambodia.

22. Wulf Schwarzwaeller, *The Unknown Hitler* [El Hitler desconocido] (New York: Berkley Books, 1990).

23. Nicholas Goodrick-Clarke, *The Occult Roots of Nazism* (New York: NYU Press, 1993).

24. John Paul Jackson, *Needless Casualties of War* [Bajas innecesarias de la guerra] (Fort Worth, TX: Streams Publications, 1999).

LA GUÍA BÍBLICA PARA LA LIBERACIÓN

Capítulo 1—Cómo conocí la liberación

1. Bottari, *Libres en Cristo*.
2. Los nombres en la historia han sido cambiados para proteger la privacidad de todos los involucrados.

Capítulo 2—Liberación: Una realidad del Nuevo Testamento

1. Vea Romanos 16:20.
2. Vea Romanos 8:37-39.
3. Vea Mateo 12:24.
4. Vea Juan 8:44.
5. Vea Juan 11:14.
6. Vea Hechos 5:3.
7. Vea 2 Corintios 11:14-15.
8. Vea Efesios 2:2.
9. Vea Hechos 13:4-12.
10. Vea Mateo 24:11, 24.
11. Vea Hechos 8:9-25.
12. Vea 2 Corintios 2:11.
13. 2 Corintios 4:4.
14. Hebreos 2:14.
15. Vea 2 Timoteo 2:26.
16. Vea 1 Pedro 5:8.
17. Vea 1 Corintios 7:5.
18. Vea 1 Corintios 10:19-21.
19. Vea Mateo 4:1-11; Marcos 1; Lucas 4:1-13.
20. Vea Lucas 13:16.
21. Vea Lucas 10:17.
22. Vea Marcos 1:23-24.
23. Vea Marcos 5:1-20.
24. Vea Hechos 10:38.
25. Vea Efesios 4:26-27.
26. Vea Efesios 6:10-18.
27. Juan 8:44.
28. Vea Juan 13:2; 6:7; 13:27.
29. Apocalipsis 12:8-9; 20:2.

Notas

Capítulo 3—La teología de la liberación

1. Vea Mateo 14:14; Romanos 15:18-19.
2. Craig Keener, *Miracles: The Credibility of the New Testament Accounts* [Milagros: La credibilidad de los relatos del Nuevo Testamento] (Grand Rapids, MI: Baker Academic, 2011), 849.
3. Mateo 6:10.

Capítulo 4—La liberación en la historia de la Iglesia

1. Morton T. Kelsey, *Healing and Christianity* [Sanidad y cristianismo] (Nueva York: Harper and Row, 1973, 1976), 136 (Referencias de Kelsey: Justiniano Mártir; Segunda apología al senado romano 6: vea los padres antinicenos).
2. *Ibíd.*, 136-151.
3. *Ibíd.*, 152.
4. Eddie L. Hyatt, *2000 Years of Charismatic Christianity* [2000 Años de cristianismo carismático] (Lake Mary, FL: Charisma House, 2002), 38-39.
5. Leon Joseph Cardenal Suenens, *A New Pentecost?* [¿Un nuevo pentecostés?] (Nueva York: Seabury, 1975), en Hyatt, *2000 Years of Charismatic Christianity* [2000 Años de cristianismo carismático], 38.
6. Hyatt, *2000 Years of Charismatic Christianity*, 39.
7. *Ibíd.*; Atanasio, *Vida de Antonio,* Biblioteca de Patrística, (Editorial Ciudad Nueva, 2013).
8. Hyatt, *2000 Years of Charismatic Christianity*, 44.
9. *Ibíd.*
10. *Ibíd.*, 74-75.
11. Roberts Liardon, *Los generales de Dios* (Peniel, 2002), 61.
12. *Ibíd.*, 61.
13. *Ibíd.*, 62.
14. Hyatt, *2000 Years of Charismatic Christianity*, 102.
15. Liardon, *Los generales de Dios*, 284.
16. Charles Finney, "The Christian Warfare" [La guerra cristiana] *The Oberlin Evangelist* [El evangelista de Oberlin (periódico)], 1 marzo, 1843, http://www.spiritualwarfaredeliverance.com/classics-christian-warfare-deliverance-healing/html/christian-warfare-by-Finney.html (consultado en línea el 30 de enero de 2015).

LA GUÍA BÍBLICA PARA LA LIBERACIÓN

17. *Ibíd.*
18. Lester Sumrall, *Demons: The Answer Book* [Demonios: El libro de respuestas] (New Kensington, PA: Whitaker House, 1979), 11-25. Esta historia también se puede ver en internet en http://www.youtube.com/watch?v=SKwUui-ei7E (consultado del 27 de diciembre de 2014).
19. Lester Sumrall, "Evangelism, Healing, and Deliverance" [Evangelismo, sanidad y liberación], Healing and Revival Press [Prensa de Sanidad y Avivamiento], http://healingandrevival.com/BioLSumrall.htm (consultado el 27 de diciembre de 2014).

CAPÍTULO 5—¿PUEDE UN CRISTIANO ESTAR ENDEMONIADO?
1. Vea Mateo 12:44-45.

CAPÍTULO 6—SEÑALES DE QUE ALGUIEN ESTÁ ENDEMONIADO
1. Lucas 13:11-13.
2. Juan 10:10.

CAPÍTULO 7—LA LIBERACIÓN COMO PARTE DEL PROCESO DE SANTIFICACIÓN

1. Regent University School of Divinity, "Vinson Synan", http://www.regent.edu/acad/schdiv/faculty/synan/ (consultado el 27 de diciembre de 2014).
2. Como fue citado en Kenneth J. Collins, *John Wesley: A Theological Journey* [Juan Wesley: Una travesía teológica] (Nashville: Abingdon Press, 2003).
3. "Todo aquel que comete pecado, infringe también la ley; pues el pecado es infracción de la ley" (1 Juan 3:4, RVR60).
4. "Mas la persona que hiciere algo con soberbia, así el natural como el extranjero, ultraja a Jehová; esa persona será cortada de en medio de su pueblo. Por cuanto tuvo en poco la Palabra de Jehová, y menospreció su mandamiento, enteramente será cortada esa persona; su iniquidad caerá sobre ella" (Números 15:30-31).

Notas

Capítulo 8—Maldiciones, votos internos, lazos del alma y maldiciones generacionales

1. Derek Prince, *Bendición o maldición: Usted puede escoger* (Editorial Carisma, 1998).
2. *Ibíd.*, 53.
3. *Ibíd.*
4. *Ibíd.*, 68.
5. Vea Gálatas 3:13; Efesios 4:29.

Capítulo 9—Satanás y los demonios

1. Vea Isaías 14:12-18.
2. Vea Lucas 10:18.
3. Vea Apocalipsis 12:9.
4. Vea Efesios 2:6.
5. Vea Apocalipsis 5:11.
6. Vea Colosenses 1:27.
7. Vea Efesios 4:27.
8. Vea Mateo 25:34.
9. Vea Mateo 25:41.

Capítulo 10—El ocultismo y que alguien esté endemoniado

1. *Strong's Expanded Exhaustive Concordance of the Bible* [Concordancia Exhaustiva Expandida de la Biblia de Strong] (Nashville: Thomas Nelson Publishers, 2010).
2. Esta es una lista parcial de escrituras que se refieren a prácticas ocultas: Deuteronomio 4:19, 17:2-5; 2 Reyes 21:3, 5; Job 31:26–28; Isaías 47:10-14; Jeremías 8:1-2; 10:2; 27:9-10; Daniel 2:1-4, 4:7, 5:7-9; Sofonías 1:5; Hechos 13:7-10; 16:16-18; 19:19; Gálatas 5:19-20; Apocalipsis 22:15.
3. Come and Hear, "Blood Ritual," http://www.come-and-hear.com/editor/br_3.html (consultado en línea el 2 de febrero de 2015).
4. Jack R. Lundbom, *Deuteronomy: A Commentary* (Grand Rapids, MI: Wm. B. Eerdmans Publishing, 2013), 439-440.
5. Kenneth Barker, ed., *The NIV Study Bible*, 10th Anniversary Edition (Grand Rapids, MI: Zondervan, 1995), 1687.
6. Randy Clark and Susan Thompson, *Healing Energy: Whose Is It? [Energía sanadora: ¿De quién es?* (Mechanicsburg, PA: Global

Awakening, 2013), 59; Sharon Fish, "Therapeutic Touch" [Toque terapéutico], Christian Research Institute, http://www.equip.org/articles/therapeutic-touch/ (consultado el 27 de diciembre de 2014).

7. *Ibíd.*

8. *Ibíd.*, 60. Partap Khalsa and John Killen Jr., "'Reiki': An Introduction" ['Reiki': Una introducción], National Center for Complementary and Alternative Medicine [Centro Nacional de Medicina Complementaria y Alternativa], http://nccam.nih.gov/health/reiki/introduction.htm#hed6 (consultado el 27 de diciembre de 2014).

9. Clark y Thompson, *Healing Energy*, 65.

10. Este libro lo puede solicitar a Global Awakening en línea en: http://globalawakeningstore.com.

11. Eternal Word Television Network, "Jesus Christ, the Bearer of the Water of Life" [Jesucristo, el que tiene agua viva], http://www.ewtn.com/library/CURIA/PCCPCIDA.HTM (consultado el 27 de diciembre de 2014).

12. *Ibíd.*

13. Vea 2 Corintios 11:14.

Capítulo 11—Masonería

1. Tom Hauser, *Breaking Free* [Liberado] (Shippensburg, PA: Destiny Image, 2012), 98.

2. Barbara Cassada, *Unto Death* [Hasta la muerte] (Maryville, TN: Tome Publishing, 2007), 22. Puede pedirlo a través de la librería de Global Awakening en línea en: http://globalawakeningstore.com.

3. *Ibíd.*, 22-23.

4. *Ibíd.*

5. Para descargar este manual vaya a: http://www.healingofthespirit.org/ministry.html.

6. Cassada, *Unto Death*, 9.

7. Vea Éxodo 23:13.

8. Cassada, *Unto Death*, 30.

9. *Ibíd.*, 31-32.

10. *Ibíd.*, 60-62.

11. *Ibíd.*, 62.

Notas

12. *Ibíd.*, 44-56. Este modelo de oración ha sido tomado y adaptado de *Unmasking Freemasonry* [Desenmascarando la masonería] de S. Stevens; fue utilizado con permiso.

13. En comunicación personal con el autor.

Capítulo 12—Cómo ministrar liberación

1. Vea Lucas 9:1-2; 10:1, 9; Juan 14:12; 1 Corintios 2.

2. Vea Romanos 8:38-39; Mateo 28:18; Efesios 1:21-22.

3. Vea 2 Reyes 6:15-18.

4. Vea Lucas 10:18-20; 2 Corintios 5:17; Efesios 1; 2:6; 1 Juan 2:6; 1 Juan 5:13.

5. Randy Clark, *Empowered: A School of Healing and Impartation Workbook* [Lleno de poder: Un cuaderno de trabajo para la escuela de sanidad e impartición] (Mechanicsburg, PA: Global Awakening, 2012), 111.

6. Bottari, *Libres en Cristo*, 20-21.

7. *Ibíd.*, xi.

Capítulo 13—Guía para ministrar liberación

1. Bottari, *Libres en Cristo*, 56.

2. En 2 Corintios 2 Pablo también está destacando la necesidad del perdón como una manera de evitar que Satanás tome ventaja sobre nosotros: "Pues no ignoramos sus artimañas".

3. Vea Mateo 12:43-44.

4. Rodney Hogue, *Forgiveness* [Perdón] (Hayward, CA: Community of Grace, 2008), 58. Puede pedir este libro de Global Awakening en http://globalawakeningstore.com.

5. Vea Mateo 5:38-41.

6. Vea Colosenses 3:13; Efesios 4:32.

7. Hauser, *Breaking Free*, 54-56.

8. *Ibíd.*, 72-74. Tom narra esta historia en su libro, y como yo estaba allí también la recuerdo claramente.

9. Mateo 10:8; Marcos 16:17; Lucas 9:1, 10:17.

Capítulo 14—Avance

1. Ramsay MacMullen, *Christianizing the Roman Empire A. D. 100-400* (New Haven and London: Yale University Press, 1984).
2. Vea Mateo 28:18.
3. Vea Génesis 1:27.
4. Vea Mateo 5:13.
5. Vea Mateo 5:14.
6. *Furious Love* [Furioso amor], dirigida por Darren Wilson (Elgin, IL: Wanderlust Productions, 2010), DVD.
7. El testimonio de SoPhal Ung pronto será publicado en un libro.
8. Vea Apocalipsis 20:7-10.
9. Vea 1 Juan 4:4.

Epílogo

1. Vea Isaías 61:1.
2. Vea Mateo 28:18.
3. Vea Marcos 16:15-18.
4. Vea Mateo 7:22-23.
5. Vea Isaías 9:6-8.
6. Vea Lucas 10:18.
7. Vea Hechos 2:33.
8. Vea Apocalipsis 1:18.
9. Vea Hechos 8:1.
10. Vea Hechos 16:18; 19:11.
11. Vea Hechos 19:13-16.
12. Heidi and Rolland Baker, *Learning to Love* [Aprender a amar] (Bloomington, MN: Chosen Books, 2013).
13. Vea 1 Corintios 13:6-7.

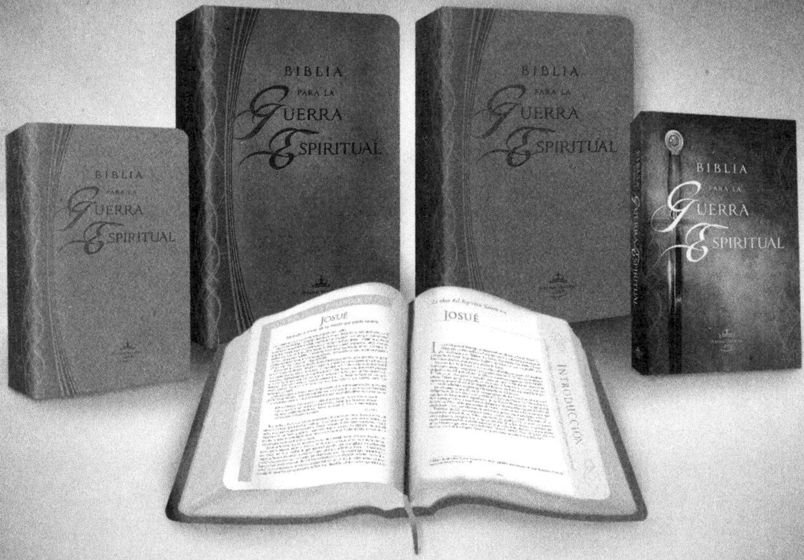